新・臨床心理士に なるために

令和 **6** 年版

公益財団法人 **日本臨床心理士資格認定協会** 監修

誠信書房

令和6年（2024）版の公刊に寄せて

　本書は，臨床心理士の資格取得に関する公式情報に基づいてお知らせする
ガイド・ブック（通称：赤本）です。第36回目の改訂版になります。この
新年度版の趣旨と特徴は次の点です。

　第一は，令和6年度（2024）の資格審査（資格試験）に関する重要な事項
について，受験のための申請から資格試験に合格して臨床心理士に登録され
るまでを，本年度の公式の日程と手順に従って実際的に案内している点で
す。

　つまり，本改訂版は，資格審査（資格試験）を受けるための申請資格基
準，申請手続き，申請の際の留意事項，申請書・審査料の提出と受験票の発
行，筆記試験と口述面接試験，合格発表と臨床心理士の登録手続き，につい
ての具体的な公式内容をメインに公表するものです。

　第二は，令和5年度（2023）実施のマークシート方式による筆記試験問題
の40問（100題中）を精選して，最新の試験問題を公開し，出題に際して
の基本方針および各問題についての正答と解説を公開している点です。

　本書は，まずは令和6年度（2024）実施の臨床心理士資格取得試験にチャ
レンジされる方々の参考に案内するものですが，これから臨床心理士を志望
される方々，また臨床心理士養成教育に携わる方々，そして広く社会の人々
に臨床心理士の専門性と資格審査制度の基本情報を公表するものです。

　以上のように本書は，臨床心理士資格審査（資格試験）の受験者や関係者
が，高度専門職業人としての臨床心理士の専門的な実践的資質を自ら評価・
検討する大切な契機として，いわゆる一次試験に課されるマークシート形式
の試験問題に精通し，専門性や養成教育に理解を深めてくださることを願っ
て公刊されています。そのため，32年間に及ぶ資格試験問題の公開にも努
めてきました。

　試験制度の開始以後の過去問題については，別途発行の次の書籍（通称：
青本）を参照してください。

『臨床心理士資格試験問題集 1』（平成 3 年～平成 18 年の 566 題を公開）

『臨床心理士資格試験問題集 2』（平成 19 年～平成 22 年の 162 題を公開）

『臨床心理士資格試験問題集 3』（平成 23 年～平成 25 年の 117 題を公開）

『臨床心理士資格試験問題集 4』（平成 26 年～平成 28 年の 120 題を公開）

『臨床心理士資格試験問題集 5』（平成 29 年～令和元年の 120 題を公開）

『臨床心理士資格試験問題集 6』（令和 2 年～令和 4 年の 120 題を公開）

　ここに公開された資格試験問題は，本邦最初の公式決定版として公刊された
もので，単なる予想や想定問題ではなく，実際に出題された問題であるこ
とを明確に認識され，適正に活用してくださることをお願いします。

　ちなみに，資格試験問題の出題や資格審査は，主に全国の臨床心理士養成
大学院教育に関係する約 300 名に及ぶ先生方のお力添えを得て行われてい
ます。最近 10 年間，平均受験者数は約 2,200 人，平均点は約 62 点，最終合
格率も約 64％となっています。この平均点は，論文試験や面接試験の評価
点とを総合して判定する資格試験合格への第一関門・基礎点と考えられま
す。

　しかし，マークシート方式の筆記試験をクリアーするための努力は，論文
試験，とくに面接試験（二次）で課される専門性を担保する心理臨床実践力
を備える努力を総合的に進めてこそ，臨床心理士に求められる専門資質に結
びつくものです。本書のⅠとⅡに述べられている専門性の意味を理解し，活
きた心理臨床の知識とするためにも，よきスーパーヴァイザーを得て，臨床
心理士倫理綱領を踏まえた臨床心理実習において生身のケースに関わる心理
臨床経験の中に，資格試験に備える宝庫があることを銘記したいと思いま
す。

＊

　本書令和 6 年（2024）版の編集・監修は，日本臨床心理士資格認定協会の

業務執行理事によるものです。加えて，試験問題（出題）統括委員長，資格審査委員の先生方はじめ，認定協会事務局職員および誠信書房各位の変わらないご尽力によって成るものです。心から感謝の意を表したいと思います。

　　令和6年6月1日

　　　　　　　　　　　　公益財団法人　日本臨床心理士資格認定協会
　　　　　　　　　　　　　　　　監修代表　　藤原勝紀

目次

I
臨床心理士に
求められるもの

1. 臨床心理士の専門性と資格資質

　この資格は，臨床心理学の専門的な実践業務（心理臨床実践）を行う高度専門職業人として，「臨床心理士」の名称で資格免許証が与えられるものです。内閣府（内閣総理大臣）＊認可の公益財団法人日本臨床心理士資格認定協会が実施する資格審査（試験）に合格した者に交付され，日本臨床心理士名簿に登録されて社会に公告されます。有資格者は，顔写真入りの「臨床心理士資格登録証明書」（ID カード）を所持しています。免許番号（登録番号）第 1 号が誕生したのは昭和 63 年（1988）12 月です。以来 36 年が経過しようとしていますが，令和 6 年（2024）現在で 41,883 名の方々に免許が交付されています。また 5 年毎の資格更新率は圧倒的な高率を維持しています。

　臨床心理士は，日常生活や社会活動のあらゆる場と機会に，さまざまな心の問題を抱えて暮らす多様な年代の方々にかかわってきました。ことに公立小・中学校に派遣されるスクールカウンセラーは"臨床心理士"，緊急支援や自然災害支援への臨床心理士派遣という実態が常識化したことは，心の専門家の存在意義について，社会的にも大きな影響を与えてきました。たとえば心の相談において，利用者から臨床心理士資格をもつカウンセラーを希望されることも身近になっています。また，資格要件として記載された行政機関の分野に限っても，文科省，厚労省，法務省，防衛省，警察庁，国交省，海上保安庁，外務省，各自治体など広く汎用的に活用されています。

　このように臨床心理士は，長年の実績をもつ有用な心の専門家ですが，一朝一夕に心理臨床実践力を身につけることは困難です。そのため臨床心理士養成に関して，この 36 年間，一般的な心理学の学部専門教育を越えて求められる臨床心理士養成に特化した大学院教育体制（修士学位レベル）の構築と充実のために多大な工夫と努力がなされ，現在，指定大学院 156 校，専門職大学院 5 校が養成の任に当たっています。とりわけ平成 19 年度（2007）

＊　平成 25 年 3 月までは文部科学省（文部科学大臣）の認可する財団法人でした。

からは，受験資格が，臨床心理士養成指定大学院修士課程と専門職学位課程（いわゆる専門職大学院）修了者に収斂されています。

　ところで，"臨床心理士"の専門性・アイデンティティとは，どのようなところにあるのでしょうか。このテーマは，臨床心理士養成に特化された指定大学院・専門職大学院に求められる必須科目の中でも特に"臨床心理学特論"で強調される内容と不可分の関係にあるところのものです。

　よく例示されることですが，たとえば臨床心理士の隣接領域の専門家として医師や教員がおられます。これらの専門家は，臨床心理士も含め，すべてが「人が人に直接かかわり，そのかかわる人・相手に影響を与える専門家である」といえましょう。しかし，その中で臨床心理士は，さらに心の専門家としての独自性に気づき，自らの専門性に傾注しなければなりません。

　お医者さんは，人（医師）が人（患者）にかかわり，人（患者）の病んだ状態（病気）を元の元気な姿にもどすことによって，その影響の専門性を人（患者）にもたらします。病気や症状を診断し治す治療の専門家なのです。

　学校の先生は，人（教員）が人（児童生徒）にかかわり，教育目標である学力（読み書き算数など）と人間のあるべき姿（正直で，誠実で，優しく，勇気と正義を尊ぶなど）を，子どもの学ぶ権利として教える専門家です。

　臨床心理士は，人（クライエント）にかかわり，人（クライエント）に影響を与える心の専門家です。しかし，たとえば医師とも教員とも異なることは，一律・共通項的な目標に相当するもの（客観的・共通的な価値観）を人にかかわる側の人（臨床心理士・セラピスト）が持つことを必須にするとは限らない点です。むしろ，あくまでもクライエントのかけがえのない存在固有性，いわばクライエントの数だけある主観的・個別的価値観の多様性を尊重しつつ，その人の自己実現にお手伝いをしようとする専門家なのです。

　個々の人の自己実現への援助とは，たとえば身体的（生理的，医学的）に治らないとされる可能性を前にして，この個人的な事実をその人自身がどう

受け入れ，生きていくのか。"生きる" ということと "苦しみ" や "悩み" とを，どうその人の人生に組み入れて活かしていくのかにかかわる専門的営為といえましょう。ある種の実存的かかわりであり，基本的に数量的，観察的，二元論的，法則定立的な，いわゆるエビデンス的アプローチのみでは完結し得ない世界への開かれた眼からの専門的営為といえましょう。つまり，臨床心理士の視座は，個々その人の主観や語りの質や意味に注力するナラティブ・アプローチへの改めての開眼といえましょう。

　この眼を持った臨床心理士は，すぐれて二人称的な水平的・対等的人間関係を基本とする専門家です。しかも，心の専門家であるが故に，かかわる疾病や問題行動をはじめ，かかわる場や領域も病院や学校などといった外面的な形式面から限定し得ないことです。つまり，あらゆる人間社会の個人的・主観的問題にコミットする汎用的専門行為者であることが求められます。もとより臨床心理士は，この汎用的専門行為者であることを自覚し，どう社会的な理解と認知を深め，ユーザー（クライエント）の期待にどう応えるか，地道で堅実な努力を生涯にわたり謙虚に重ねなくてはなりません。

　次に，臨床心理士のアイデンティティを明確化させるために，具体的な専門業務について考えてみます。この内容は，臨床心理士資格審査規程第11条に明文化され，専門的営為として四つの専門業務が求められています。

1. 臨床心理査定
2. 臨床心理面接
3. 臨床心理的地域援助
4. 上記1〜3に関する研究・調査・発表

　これらに関する専門性については，指定大学院や専門職大学院の必須科目として位置づけられ，特別な養成教育体制で自然に身につくように整備されています。また，資格試験におけるマークシート方式の筆記試験問題の出題領域や専門資質の審査基準・根拠を特化する専門業務と認識されています。

1）診断から査定へ

　臨床心理査定（assessment）とは，従来からの心理診断（diagnosis）に対する新しい心理臨床の視座として注目しておきたいと思います。第2の臨床心理面接（interview）が，従来の心理療法（therapy），心理治療（treatment）に対する視座と同じように，当初は医師の行う専門業務と区別するため呼称変更に主眼があった感もありました。しかし，今日，臨床心理士の行う専門業務の臨床実践と理論的な精錬化は，はっきりとその呼称変更の意義を明確化してきたといえます。

　「診断」とは，診断する人の立場から対象の特徴を評価する営みです。「査定」とは，その査定（診断）される人の立場から特徴を評価する営為です。たとえば，「学校へ行きたくない」という生徒は，「学校恐怖症」であったり，「うつ病」かどうかという病理の視点から評価するのが診断です。学校に通うのは，子どもにとって本来，元気に通うのが正常であるという，診断基準に基づいているのです。しかし査定とは，子どもが"学校へ行きたくない"ということの特徴（個人的な意味）を，こちらの（学校の先生や保護者の）一律的な価値観で決定づけるのではなく，子どもの立場で評価しようとする営みなのです。たとえば子どもの家庭環境や地域環境について，"雑居ビルの林立する不健康な歓楽街に立地している……"と記載するのは，ひとりよがりの評価（診断）であることに気付くセンスが"査定"の営みなのです。

　診断モードに基本的に内在する視点は，診断しようとする対象の客観化（対象化，三人称化）を限りなくおしすすめることを，その本質としています。査定とは，査定されようとする人（クライエント）の立場，つまり個々人の独自性・個別性に由来する"意味"を限りなく尊重して，その特徴を評価しようとするのです。前者（診断）は，究極的にはデジタルの世界に収斂

される認識です。後者（査定）は，アナログ的といえましょう。

　アナログからデジタルの世界へと，現代文明人は誘われ，その有効化と豊かさを満喫しているかに見えます。おそらく，この豊饒への歩みは，簡単には止まりそうにありません。しかし心理臨床の固有な実践性は，むしろデジタル（診断）から，アナログ（査定）への強調をもって旨としているところに，臨床心理士の今日的課題のすこぶる意味深いものがあるといえるのです。もとより，ここで短絡的に診断モードを放棄し，査定モードに徹せよ‼といっているのではありません。個人の埋没からの再生に機能する査定に込められた意義を通じての診断へのセンスは無視すべきでないからです。

　診断モデルの最たる活用は，APA（アメリカ精神医学会）の定める DSMの適用といえましょう。臨床心理士の 2000 年以降の試験問題のテーマに 1問ならず出題されています。上述してきた診断から査定への心理臨床センス育成に込められた出題の意義に留意しておきたいと思います。

2）治療から面接・援助へ

　臨床心理面接（interview）に関する専門的業務の特徴は，医学モードの治療や療法との誤認をさける呼称上の問題として当初（1980 年代）は配慮した面もありました。しかし，この専門営為は，心理臨床の中核的な専門営為です。医学モードでの診断と治療に対する営為が，心理臨床モードにおける査定と面接に対応するということです。

　心理臨床営為の特徴（独自性）は，人（臨床心理士）が人（クライエント）にかかわり，人（クライエント）に影響を与える営為として記載したとおりです。制度上，日本の臨床心理士は薬剤の使用は一切行わず，言語的かかわりを中心に，遊戯，描画，動作，催眠，集団等，さまざまな“こころ”の表出現象を通じての変化（改善）効果をもたらす専門営為です。

　臨床心理学の実践活動に関して，もっとも先駆とみなされているアメリカ

では，法規上（州単位で一律ではない）臨床心理士も医師と同じく薬物の使用を認めています。しかし，日本でのわれわれの専門業務では，もちろん発展する薬剤投与の有用性について無関心であってはなりませんが，自らの責任で，この投薬を行うことは，一切禁止しての心理臨床営為でありサイコ・セラピーであることを再確認しておきたいと思います。

　いずれにしても，臨床心理士の専門業務の中核的な営為としての臨床心理面接は，査定に込められた意味と等質的な，クライエント自身の“訴え”や“問題”をどう意味づけているか……クライエント自身の価値観についての限りない尊重を通じてのかかわりによって，もたらされる援助効果への道程です。この道程が行動療法であろうと，認知行動療法であろうとも，いわんやパーソン・センタード的かかわりであろうと，ユング的，フロイト的立場であろうと，面接過程の究極的な核心部分は，ベテランの心理臨床家にとっては，面接の体験知のもたらす，すぐれて普遍的な関与像といえるところのものではないでしょうか。この関与像とは，臨床心理士とクライエントとの面接という人間関係過程で到達する“共感”，“納得”，“受容”，“理解”，“合点”といった心情で体得することができる心的援助空間（世界・場）といえましょう。

　大学院生の臨床心理面接技法のトレーニングでは，この普遍的で有用な体験知の獲得がもっとも強く求められます。おそらく臨床心理士養成に特化した指定大学院や専門職大学院における個別的なスーパーヴァイザーとの関係に加え，毎週3〜4時間の専攻担当教員全員の参加によるケース・カンファレンスに，キャンディデェトがどうコミットし，どう体験学習しているかが，独自の専門的な倫理性と専門性をもった臨床心理士になるための必須で最大の基礎的ポイントであることを強調しておきたいと思います。

3）個からコミュニティへ

　第3の独自な専門性とは，医学モデルでの診断と治療に加え，公衆衛生的活動が加えられています。病気を治すことも大切ですが，病気にならないための予防医学への注目です。すでに，36年前，われわれ心理臨床実践のための第3の視座として，臨床心理士の心の安全予防パラダイム，つまり“臨床心理学的地域援助”と呼称される専門活動を展開することになったのです。専門的に特定の個人を対象とするよりは，地域住民（コミュニティ）や学校，職場に所属する人びとの心の健康や地域住民の被災者支援活動に臨床心理士の専門性を活用することにあります。もっとも象徴的な出来事は，平成7年（1995）4月より，時の文部省が「いじめ」の犠牲となった中学生の自殺事件の発生を契機に「スクールカウンセラー活用調査研究委託事業」を始めたことです。154人の臨床心理士の任用で開始された公立中学校への派遣は，今日では5千9百人以上の臨床心理士が1万5千余校の小・中・高の学校で活躍しています。臨床心理士が，学校現場の専任職員ではない学校外の第3者的立場からコミットする意義は，児童生徒はもとより，とりわけ保護者相談に直接的な有用性をもたらし，注目されました。

　当時の文部省は，これを臨床心理士の外部性と呼称し，限られた時間勤務（1日4時間，週2日）であるにもかかわらず，斬新に臨床心理士（スクールカウンセラー）を求めたのです。担任の先生は，子どもの評価を直接担当されているだけに，子どもや家族が悩みを個人的に相談しにくいといわれます。臨床心理士の個人の秘密を守る基本的な専門業務性を評価された面もあります。ここに学校臨床心理士のチーム学校での主要機能が示唆されます。

　いずれにしろ臨床心理士の中学校への派遣事業の拡大に加え，平成20年度（2008）からは，公立小学校や高等学校への臨床心理士派遣の増員計画が実施され，全公立小中学校配置へと展開しています。また，平成21年度

（2009）からは私立中学校への臨床心理士派遣モデル事業が本公益財団創設20周年記念事業として始められ好評をえています。

　地域援助に資する専門的独自性とは，個から集団への援助技法，自然災害時の被災者支援，自殺や暴力事件にみる危機介入技法の専門的かかわり等により，臨床心理士の新しい活動領域の開拓がすすめられています。おそらく今日のデジタル的社会への変容が学校教育現場に計り知れない影響を与えていることと無関係ではなさそうです。臨床心理士はチーム学校はじめ地域援助に求められるチーム連携実践センスの陶冶に努めなければなりません。

4）臨床心理事例研究の独自性・専門性

　臨床心理士に求められる第4の専門業務は，臨床心理学または心理臨床学の独自性を担保する，他の学問にはあまり見出せない独特な研究法（methodology）に関するものです。いわゆる臨床心理事例研究法と，その成果の活用に資する営為のことです。臨床心理士は常にクライエントその人についてと同時に，そのクライエントの帰属する地域や学校や関連組織そして文化的背景，およびそれらとその個人との相互関係について調査・研究を重ね，クライエントの自己実現に寄与しなければなりません。心理臨床に関する"臨床心理事例研究"の実践が，臨床心理士に求められる専門業務なのです。

　しかも，この固有な臨床心理研究法は，10人の事例にかかわる経験を持てば，10例それぞれの事例研究がなされ，かけがえのない一人ひとりの心の援助に還元されて活用されることを旨としています。ここで留意したいことは，心理臨床の実践で展開される事例研究は，ひろく一般に知られる調査的事例研究とは異なることです。一般にいわれている事例研究は，新しい評価や学説を構築し，主張するための典型例をとりあげて研究したり，既存の学説や見解を批判する事例をとりあげて行う調査的事例研究です。臨床心理士の行う事例研究は，個々のクライエントに資するための営みです。インテ

ーク段階から，クライエントとのかかわり過程を，適切，丁寧にその対話過程を記録し，転移と逆転移に苦労するプロセスも，文字通り彼の歴史を物語る（history），その個々人の事実を大切な素材として，かかわるのです。

　臨床心理面接営為に内在する個人の人権尊重とプライバシーの問題や倫理義務に基づく姿勢・態度，事例研究として漸次公共化される過程でのプライバシー保護の問題についても必須の専門義務として忘れてはなりません。

　高度専門職業人として，自らの専門資質の維持・発展には，きわめて重要な自己研鑽への努力によって，これがあがなわれることが期待されているのです。いわゆる専門性の生涯学習システムの適用といえましょう。臨床心理士は5年毎に，あらかじめ定められた15ポイント以上の学習評価（研修会への学習参加やその研修会の講師としてのかかわりなど）によって，臨床心理士の資格継続が担保されるようになっています。

　日本の医師等に付与されている免許は，そのほとんどが，資格取得すれば生涯そのままです。どの専門領域でも，専門性がいかに維持されているのかに関して，生涯学習の観点から，専門研修の継続性が求められています。とくに，臨床心理士の場合は，「資格更新制度」として5年毎の免許書き換えを，一定の研修ポイント制度の適用によって，これを厳しく実施して今日に至っています。更新率97〜99％です。

　最後に，臨床心理士の専門性を社会に担保するシステムの重要なテーマとして，臨床心理士の倫理綱領の遵守について，課題のあることを指摘しておきたいと思います。公益財団法人日本臨床心理士資格認定協会内に組織される倫理委員会の厳正な審査と勧告を経て，臨床心理士の免許の一定期間停止や登録抹消等が執行され社会的に公告されます。臨床心理士の社会の付託に応えるもっとも重い側面でもあります。

（大塚義孝・藤原勝紀）

II

専門教育，資格試験，

専門業務

1. どのような指定大学院・専門職大学院を選ぶのか

　臨床心理士になるには，資格試験に合格することが必須です。そのためには，資格試験を受けるための受験資格を備えなくてはなりません。

　この受験資格は現在，臨床心理士を養成するために，学校教育法に基づいて特別に設けられた，①指定大学院（１種・２種で異なる），②専門職大学院を修了した者を基本モデルにしています。また，③諸外国で上記と同等以上の教育歴および必要な心理臨床経験を有する者，④医師免許取得者で，必要な心理臨床経験を有する者が含まれます。

　以上のように，資格試験の受験資格の基準は，大学院修士レベルの所定の教育課程修了者を基本モデルにした，専門知識・理論と心理臨床経験・実務を兼ね備えた高度専門職業人志願者ということです。

　ここでは，①と②を中心に，大学院制度・教育内容の概要を紹介します。

A. 臨床心理士養成のための指定大学院・専門職大学院とは

　臨床心理士資格試験を受けるための受験資格の重要な要件が，指定大学院もしくは専門職大学院を修了していることです。この臨床心理士養成大学院は，どのような学部卒業か，他に保有の専門資格や経験かによらず，むしろ多様な活動経歴を，ライフサイクルに応じて洗練統合し積極的に生かしていくための開かれた生涯学習・大学院高等教育制度ともいえましょう。

　以下に，この大学院制度について紹介します。どのような大学院を選択すればよいのかを考えるための参考にしてください。

　まず，大学院の種別によって，修了後の受験資格の内容に違いがあることを最初に示しておきます。その違いは，第１種指定大学院の修了者は，修了後に実施される直近の資格試験を受験することができます。第２種指定大学院修了者は，修了後１年以上の心理臨床実務経験を経た後に受験可能になります。また，専門職大学院修了者は，修了後の直近の資格試験に受験可能

で，資格試験における論文試験が免除されます。選択する大学院種別によって，受験資格に制度的な違いがあることに留意して，以下に説明する指定大学院と専門職大学院制度について，理解を深めてください。

①　指定大学院とは，学校教育法に基づく大学院（臨床心理学研究科等）について，臨床心理業務を行う専門職としての「臨床心理士」の専門資質レベルを一定水準に維持し，向上を図ることによって，社会の期待に応えることができるようにするために公益財団法人日本臨床心理士資格認定協会が指定した大学院のことです。

この指定大学院は，厳正な審査のもとに6年間の指定を受けています。指定後3年目に実地視察を受け，継続審査を経た後にも同様に実地視察・継続審査を受けます。この審査や視察は，大学院の名称や指定領域の組織構成，担当教員の適正な数と内容，臨床心理実習および有料附属臨床心理相談室等の相談施設と運営実態，学外実習施設の整備状況，適正な教育カリキュラムと専門倫理に基づく授業の実施状況等におよぶ書類審査と実地視察によっています。

受験資格を取得するうえで最重要となる指定大学院には，第1種と第2種の指定種別によって，受験資格の要件に違いがあります。しかし，両者ともに相当厳密な臨床心理士の養成教育に特化した大学院システムとして整備され，高度な専門教育訓練の備えが確立した大学院です。

指定大学院および専門職大学院は，令和6年（2024）6月1日現在で，全国161校（第1種148校，第2種8校，専門職大学院5校）に設置されています。これらの大学院が，全国のどの大学に設置されているかを見るために，「都道府県別・臨床心理士数と指定大学院・専門職大学院数」（表1参照）と具体的な「指定大学院臨床心理学専攻（コース）一覧」を示します（附録2．128〜139頁参照）。

表1　都道府県別・臨床心理士数と指定大学院・専門職大学院数

令和6（2024）年6月1日現在

県名	臨床心理士数	養成校数	県名	臨床心理士数	養成校数
北海道	891	4(1)	大阪	2,805	8 **1**
青森	159	0	兵庫	2,054	9
岩手	230	1(1)	奈良	574	4
宮城	559	3	和歌山	191	0
秋田	138	1	鳥取	182	1
山形	157	1	島根	218	1
福島	335	3	岡山	566	4
茨城	538	2	広島	829	4 **1**
栃木	336	1	山口	360	3
群馬	341	1	香川	278	1
埼玉	1,956	9	徳島	290	3
千葉	1,581	3(1)	愛媛	251	1
神奈川	3,186	4	高知	162	0
東京	7,080	30(3)**1**	福岡	1,737	8 **1**
新潟	454	2(1)	佐賀	205	1
長野	409	1	長崎	281	0
山梨	234	1	熊本	320	0
富山	183	0	大分	303	2
石川	250	1	宮崎	154	0
福井	199	1	鹿児島	412	2 **1**
静岡	724	2	沖縄	353	1(1)
愛知	2,439	11	国内計	37,582	148(8)**5**
岐阜	424	2	海外計	108	0
三重	349	1	内外計	37,690	148(8)**5**
滋賀	451	0	逝去等	4,193	0
京都	1,454	10	総計	41,883	148(8)**5**

（　）内の数は2種校

右側の太字の数は専門職大学院

表2　臨床心理士養成のための専門職大学院

・九州大学大学院　人間環境学府　実践臨床心理学専攻（専門職学位課程）
・鹿児島大学大学院　臨床心理学研究科　臨床心理学専攻（専門職学位課程）
・広島国際大学大学院　心理科学研究科　実践臨床心理学専攻（専門職学位課程）
・帝塚山学院大学大学院　人間科学研究科　臨床心理学専攻（専門職学位課程）
・帝京平成大学大学院　臨床心理学研究科　臨床心理学専攻（専門職学位課程）

　②　専門職大学院とは，学校教育法第99条第2項に基づいて，臨床心理士等の高度専門職業人養成に特化して設置された専門職学位課程のことです。指定大学院の趣旨と同じですが，第1種指定大学院よりも，さらに特別に制度的な充実強化が図られた新規システムとして整備された大学院といえます。この制度は指定大学院とは異なる制度ですが，実質的には第1種指定大学院から，より確固とした制度整備がなされた大学院ともいえます。
　臨床心理士養成のための専門職大学院は，その第1号が平成17年度（2005）に九州大学に設置されて以来，現在は5大学院になっています（表2および138，139頁参照）。なお，公益財団法人日本臨床心理士資格認定協会は，この専門職学位課程の認証評価機関として5年毎の認証評価を実施・公表し，公益に資する臨床心理士養成教育と専門資質の担保を図っています。

B．臨床心理士になるために，何をどのように学べばよいのか

　臨床心理士は，何よりもユーザーに対する実際的な臨床実践技能を身につけていなくてはなりません。そのための教育訓練制度が，前述の指定大学院・専門職大学院であるわけですが，そこでは一体，何をどのように学び身につけることになるのでしょう。ここでは臨床心理士の実質的な専門性を学ぶための，主に臨床心理士養成大学院教育の内容について紹介します。

1）大学院で履修しなければならない標準的な科目・単位について

　臨床心理士の資格審査を受けようとする者は，必修科目5科目16単位，選択必修科目群（A・B・C・D・E）からそれぞれ2単位以上，計26単位以上を取得していなくてはなりません（表3参照）。

表3　大学院(修士課程)で履修するカリキュラム（平成15年度以降適用）

①必修科目・単位：臨床心理学特論………4単位
　　　　　　　　　臨床心理面接特論……4単位
　　　　　　　　　臨床心理査定演習……4単位
　　　　　　　　　臨床心理基礎実習……2単位
　　　　　　　　　臨床心理実習…………2単位

②選択必修科目群：前項①に定める必修科目以外の臨床心理学またはその近接領域に
　　関連する授業科目(実習を含む)は，当分の間，以下の科目に関連する科目とする。

［A群］	［B群］	［C群］
心理学研究法特論	人格心理学特論	社会心理学特論
心理統計法特論	発達心理学特論	人間関係学特論
臨床心理学研究法特論	学習心理学特論	社会病理学特論
	認知心理学特論	家族心理学特論
	比較行動学特論	犯罪心理学特論
	教育心理学特論	臨床心理関連行政論

［D群］	［E群］
精神医学特論	投映法特論
心身医学特論	心理療法特論
神経生理学特論	学校臨床心理学特論
老年心理学特論	グループ・アプローチ特論
障害者(児)心理学特論	臨床心理地域援助特論
精神薬理学特論	

表4　専門職大学院カリキュラムモデル

科　目　群	授　業　科　目　名	
必修／基幹科目 （20 単位以上）	・臨床心理学原論 ・臨床心理面接学	・臨床心理査定学 ・臨床心理事例研究
必修／展開科目 （10 単位以上）	・臨床心理地域援助学 ・総合的事例研究	・臨床心理調査研究
選　択　科　目 （10 単位以上）	・認知行動論 ・人間関係論 ・障害心理臨床論 ・臨床心理関連行政論 ・臨床精神医学	・生涯発達論 ・適応障害論 ・犯罪心理臨床論 ・心身医学 ・臨床精神薬理学
選択特修科目群 （10 単位以上）	・臨床実践事例特修科目（教育・医療・子ども・成人等） ・臨床実践技能特修科目（査定・面接，理論・技法等）	
修了要件　　計　50 単位以上		

　また，学校教育法に定められた専門職大学院においては，指定大学院の場合よりも一層インテンシブな専門技能の学習，2 年間で 44 単位以上が求められていますが，現在の実態としては 50〜52 単位以上の実践的学習の展開をみています。なお，修士論文の代わりに臨床実践リポートの提出を求めるなど，独自の大学院修了制度によるだけでなく，教育カリキュラム内容も相当に充実したものとなっています（表4参照）。そのため当然，受験審査に必要な取得単位数などを含めて，受験資格の取得には有利な面が多くなっています。なお，専門職大学院修了者の受験資格に関する審査は，制度上は指定大学院修了者とは別途基準（専門職大学院運用内規）で行われますが，基本モデルは原則的に変わりません。

　以上，指定大学院・専門職大学院は，臨床心理士養成に特化した観点か

ら，大学院修士課程の修了に必要な科目と単位数を整えています。現在，臨床心理士は，これらの養成大学院として指定認定された特別な教育課程（専門・コース）を修了していることが基本要件です。このことは，臨床心理士の専門資質を保障するうえでは，単に必要科目や単位数を整えれば受験資格を得る科目認定的な学習・教育像を超えて，たとえば，学内実習施設（心理臨床センター等）や講義・演習の場と学ぶ者に限定した，心の専門家に固有の専門倫理・専門義務に徹底した課程認定教育が必須であると認識しているからです。もとより臨床心理士は，資格取得後にこそ生涯学習として専門資質の錬磨に努めなくてはならない特別な心の専門家ですから，取得後の資格更新制（5年毎）の理解と実践においても，単にポイント数ではなく，主体的・自覚的に学ぶ学び方による自己研鑽の必然性について，養成大学院で学ぶ段階から生涯学習者として大切に身につけていただきたいと願っています。

2）大学院で学ぶ学び方について

　現在では，厳正な審査によって設置された指定大学院・専門職大学院制度が整備されているので，適正な運営による教育が実施されている限り，臨床心理士としての専門資質の基礎が自然に学べるようになっています。

　しかし，制度や施設などの教育条件が整備されていても，そこで学ぶ者が主体的・自覚的に活用しなければ，高度な専門資質を身につけることはできません。とくに臨床心理士の専門性は，かなり個人的な専門資質であるだけに，自学自習の質によって相当の個人差が生じる可能性が大きいと思います。したがって，資格取得を志す者自身の学ぶ姿勢や態度をはじめ，実践に結びつけて身につける学び方が非常に大切になります。授業科目の種類や内容については，学ぶ場も人も厳密な専門倫理性に基づいて整備されたそれぞれの大学において触れることができると思いますので，ここでは大学院で学

ぶ学び方に焦点を当てて考えてみます。この点については，後に述べる資格試験の審査に関する視点も参考にしながら考えてみるとよいと思います。

　以下に述べる学び方は，もちろん専門知識や技術を学ぶことは大切ですが，それを実際の心理臨床実践での人間関係に生きたものとして活かす基盤，つまりクライエントに対して誠実かつ真摯に対面し，丁寧かつ謙虚に相手の心に触れる温かな臨床心理士になるため，専門家としての基本態度を身につけることといえます。したがって，この基本態度は，単に授業を受けて単位取得すれば身につくことではなく，つねに自ら心を使って自覚的に学ぶ学び方の内に体得していく他ないともいえます。そのための専門的に特別に創意工夫された厳粛な教育条件として，指定・専門職大学院の教育システムがあるわけです。以下の点を参考に，よい大学院を選択し，自らその場をよりよく活かす学び方を工夫してください。

　①　臨床心理士は，まず直接の人間関係をつうじて，相手の心の問題の理解と解決に向けて援助をめざす心の専門家です。つねに専門家としての自分自身という人間，とくに内面的な心についてみつめる自覚的な学び方が求められます。その基本態度として，とくに専門倫理に基づく学び方が求められ，そうした学び方をつうじて生涯学習者として専門倫理を自覚的に身にしみ込ませることが大切です。

　②　専門倫理を身につける学習過程は，同時に専門家としての専門義務を自覚的に習得する過程でもあります。臨床心理士が備えるべき専門義務には，「倫理義務，知識義務，研修義務，交流義務」が考えられます。つまり，専門家としての人間性を含めて，守秘義務等の職業倫理を基本態度にして，専門知識を学び，生涯学習として継続的に自己研修に励みながら，他の臨床心理士はじめ関連専門家等と連携し協働する社会的にリアリティのある人間関係能力を身につけることが大切です。

③　専門倫理・義務に基づく学びの内容は，主として専門的な知識と技術が中心になりますが，そうした理論と実践を密接に結びつけながら，専門家個人の全体として専門資質が身につくように学ぶ学び方が大切です。たとえば，相談室や授業の場での資料管理や守秘義務はもとより，個人的な興味や関心から心理査定技術を用いるとか，単なる研究の目的で調査をするとか，調査資料管理を怠るなどのことがあってはなりません。また面接記録メモの書き方や情報管理についても，法律上の配慮はもとより，ユーザーへの人間的な尊重と礼儀も忘れてはならないことです。このような点を学ぶ学び方の内に，つねに臨床心理士としての専門倫理・義務を含む基本態度が培われることを自覚することが重要です。

④　臨床心理士の専門業務である「臨床心理査定，臨床心理面接，臨床心理的地域援助，臨床心理研究調査」に関する専門知識と臨床実践能力を学び身につける必要があります。その学び方においても，前述した専門倫理に基づく基本態度に貫かれていることが大切です。そのうえで，できるだけ多角的な専門知識を習得することはもちろん，多様な臨床実践現場の多職種チーム連携活動の実際に触れながら，自らの臨床実践技能を体験的に洗練していく学び方が求められます。臨床心理士になるための学び方では，可能な限り多く（3ないし5ケースが望まれる）の実際面接体験を積み重ねながらケースにかかわる実地体験的な実習教育が中軸になります。自分の健康管理も含めて，実習生あるいは教育訓練生としての謙虚で積極的な学び方が求められます。つまり，単なる実地経験に終わらせないで，実習体験後に専門知識と照らし合わせながら十分に吟味したり，実習経験をみつめながら心を使って内面化する学び方が大切です。

⑤　そうした実地体験的な学び方においては，観察したことや会話したことなどを丁寧かつ厳密な守秘義務と資料管理を徹底し，厳正で適切な臨床心理士有資格指導者の下でスーパーヴィジョンを受ける学び方が有効です。自

分個人を面接関係に活かす専門資質を身につけるためにこそ，自らを臨床実践的な人間関係の場において学ぶ学び方が必然性をもつ点に，臨床心理士の専門資質の特殊性と独自性があると考えられます。臨床心理士の専門資質は，専門的な感性を洗練する学び方でもあり，同時に個人的な心の使い方や内面的な経験を人間関係のなかで体験的に洗練していく学び方になるのだと思います。

　以上，ここではカリキュラムの内容を学ぶ学び方について，そこに共通する基本姿勢・態度を含めて，自学自習的に自覚的・体験的に専門資質を身につけていくための幾つかの留意点について整理してみました。もちろん学ぶ専門知識や技術は，極めて多種多様ですし広汎な領域に及びます。それは臨床心理士が対応するユーザー自体が人間であり，生身の人間関係をつうじた内面的な心を使う専門業務ですので，むしろ必然的なことだと思います。

　ただし，臨床心理士の専門性の特徴である「汎用性」とは，単に問題領域や活動領域が広汎ということよりは，どのような問題や生活領域であれ，そこに生きているユーザー・人間を照準にするという専門性の本質に関係していることです。いわばユーザーが誰であっても，問題が何であっても，どの領域で活動するにしても，まず眼前の相手との専門的な人間関係をつうじたかかわりができる臨床心理士になること，この専門資質の特殊性から必然的に汎用性が求められるのだと思います。このような専門性の基本課題についても，ここに提示した学び方をつうじて体験的に考えを深めてください。

2．資格試験について

　臨床心理士の「資格」は，公益財団法人日本臨床心理士資格認定協会（以下「資格認定協会」と略す）が行う資格審査を受けて，資格試験に合格して初めて取得できます。この資格試験は，「臨床心理士資格審査規程」に基づくものです。それは，次のように定められています。

　「本資格審査は臨床心理士として必要な臨床心理査定，臨床心理面接，臨床心理的地域援助及びそれらの研究調査等に関する基礎的知識及び技能についてこれを行う」（第7条）。

A．資格審査を受けるための申請資格基準

1）受験資格を有する者とは

　資格審査を受けることができる者とは，以下に示す教育課程を修了し心理臨床経験に関する要件を満たした者で，資格審査のための所定の手続きにより申請した者となります。平成19年度（2007）からは，従来からの受験資格を有する者に加えて，専門職大学院修了者が新規の対象になりました。ただし，平成18年度（2006）までは受験資格を有していた指定大学院以外の心理学または近接領域（教育学等）の大学院専攻修了者は，受験資格を有しません。したがって，令和6年度（2024）の受験資格を有する者とは，次の7種別の者となります。

---

① 　新1種指定校を令和6年3月31日までに修了した者。

② 　旧1種指定校を平成16年3月31日までに修了し，修了後1年以上の心理臨床経験を有する者。

③ 　新2種指定校を令和5年3月31日までに修了し，修了後1年以上の心理臨床経験を有する者。

④ 　旧2種指定校を平成15年3月31日までに修了し，修了後2年以上の心理

臨床経験を有する者。

⑤　諸外国で上記①または③のいずれかと同等以上の教育歴および当該の大学院修了後日本国内で2年以上の心理臨床経験を有する者。

⑥　医師免許取得者で，取得後2年以上の心理臨床経験を有する者。

⑦　令和6年3月31日までに，臨床心理学またはそれに準ずる心理臨床に関する分野を専攻する専門職大学院（専門職学位課程）を修了した者。

　旧1種指定校，旧2種指定校とは，平成8年度または平成9年度に指定を受け，平成10年度または平成11年度に入学生を迎えた大学院のことです。

B．資格審査を受けるための申請手続きについて

　審査（筆記試験等）を受けようとする者は，関係書類に所定の審査料を添えて，審査が実施される各年度の所定期日までに，資格認定協会事務局宛に提出することになります。

① 「臨床心理士」資格認定申請書［様式―1］

② 履歴書［様式―2］

③ 臨床心理士受験申請資格証明書［様式―指定A］

④ 職歴・職務内容証明書［様式―3］

⑤ 指定大学院修了者の在籍・実務実態証明書［様式―指定B］

⑥ 心理臨床経験申告書［様式―医A］

　　その他，指定または専門職大学院以外の大学院（海外も含む）の修了証明書および履修単位証明書

（末尾附録3．の申請書式例示参照）

　注：なお，平成19年度からは専門職大学院修了者も申請対象になりましたが，基本的には第1種指定大学院修了者の基準に準じた申請規定により申請する様式が整備されています。また，所定の申請書類一式（各年度毎に異なる点があるので留意のこと）と各年度の実施要項の冊子は，資格認定協会事務局宛に請求すれば配布（有料）されます。

C．申請書を整えるうえで留意すべき事項について

　受験資格を得るためには，申請書類と審査料を提出する必要があります。そうして申請した者について，資格審査委員会において，書類審査および「審査委員会は資格の認定を希望する者に社会通念上著しい欠格があると認めた場合は，審査を拒否することができる（臨床心理士資格審査規程，第4条）」等の審査基準に基づいて，厳正な審査を行ったうえで受験資格を与えることになります。その結果を得た者だけが，資格審査に関する資格試験（筆記試験等）を実際に受験できるわけです。

　申請に当たっては，申請書類一式と各年度の実施要項を熟読して入念に申請手続きを行ってください。その際の参考のために，留意すべき幾つかの事項について以下に示します。

　(1)　願書に相当する申請書の内，様式―1の4に示しているイ，ロなどの記号は，修了大学院の特徴に記号を与えたものです。記入に当たっては，たとえば新1種校であればイに○印をすることになります。なお，各種の証明書を整える際に，所定欄に証明者と印証が求められていますが，これらの証明は，個人的な証明ではなく，当該機関の公的な証明が原則であることに留意して整えてください。また，修士論文等に関する記載を求めていますが，修士論文の指導者欄への記載等を含めて，臨床心理士有資格教員が論文指導をしたことが大学の責任等の公的に証明できることを必須にしています。

(2)　新1種校に該当する者は，形式上，大学院修了後の直近に実施される試験を受けるために提出するものです。専門職大学院の修了者の場合も，これと同様です。ただし，どの種別の指定・専門職大学院修了者でも，修了後から試験までの期間中，時間を惜しんで実際の事例に触れながら心理臨床の実践経験を継続的に行っていることが重要です。

(3)　心理臨床実務経験は，有給を原則としています。ただし，指定・専門職大学院修了者の場合，大学院修了後の心理臨床経験については，有給を前提にした経験を必ずしも求めていません。それは，たとえば当該指定大学院の附属心理臨床センター（相談室）や学外実習施設でのスタッフとして実務経験をしている場合には，これが有給であることを必ずしも求めていないという意味です。この点に関しては，当該大学院における在籍・実務実態証明書の内容と質の充実を図ることにより担保されることになっています。

(4)　大学院修了後の心理臨床実務経験は，附属心理臨床相談施設，または当該大学院の学外関連実習機関で修了後の実務研修（インターン）をされる場合には，給与の有無にかかわらず，大学院修了後の実務経験（職歴等）として評価されます。したがって，所定の職歴・職務内容証明書や在職証明書は，所定の実務経験（有給）の事実を証明したものを提出することが原則ですが，就労時間の不足，就労内容の不適切さ等の理由から，それを出身指定・専門職大学院の附属心理臨床相談施設での実務経験等を実務実態証明書の提出によって，それを補完することができます。

(5)　海外の大学院修了者が申請される場合には，当該証明書に必ず邦訳を添付してください。臨床心理士資格審査規程第8条第四号に定める「諸外国で上記第一号又は第二号のいずれかと同等以上の教育歴……」における「諸外国で」の意は，「日本に在住している人を対象にする通信コース等の海外に本拠のある大学」の意味ではありません。実際に諸外国で開講され，組織されている現地を本拠地とする大学院等を修了することを意味しています。

　また，諸外国の大学院修了後における2年以上の心理臨床経験は，（平成19年度から）日本国内での実務経験であることに限定しています。十分に留意してください。

　(6)　医師免許取得者の申請者は，履歴書の所定欄に医師免許取得年月日と医師登録番号を記載するとともに，同免許証書のコピー（Ｂ5判）を必ず添付してください。この申請者における心理臨床経験は，医師免許取得後の経験について特に記載を求める「心理臨床経験申告書」（様式―医Ａ）に必要事項を記し，適切な証明を得たものを必ず添付することが必要です。

　(7)　専門職学位課程の修了者の申請においては，修了要件である修士論文に相当する臨床事例レポート等の記載においても，指定大学院修了者とは異なる点がありますが，申請書の作成に当たっては，指定大学院に準じたものとして整えることになります。

　最後に，言うまでもないことですが，申請書作成に当たっては，内容の正しい記載はもちろん，連絡先や内容をよく確認して読みやすく丁寧に整えたうえで提出してください。また証明が必要な事項についても，私的なものでなく当該大学機関や関連実習機関等からの責任が明確で公的な証明を基本とすることに留意して，鮮明な印証にするなどにも心がけてください。

D．申請書・審査料の提出と受験票の発行

　申請書が整えば，審査料を添えて各年度の要項に従って，所定の期日厳守で申請手続きを行うことになります。審査料は，当分の間30,000円です。審査料の払い込みは，申請書類一式（書留郵送）とは別途に所定の期日までに納付することになっています。

　そうして必要な申請書類一式と審査料の納付が完了した審査申請者に対して，受験資格の有無を審査し確認したうえで，「臨床心理士資格審査受験票」

が本人宛に送付されます。

　なお，筆記試験（一次試験）および口述面接試験（二次試験）に関する実施要項は，当該試験の実施1カ月前までに，本人宛に通知します。万一，一次試験の受験資格を有しない場合には，審査料の一部返還を含めて本人宛に連絡されます。

Ｅ．筆記試験と口述面接試験

1）資格審査に関する試験等の日程

　令和6年度（2024）の資格審査に関する日程は，次のように予定されています。

---

① 　申請書類の請求期間：令和6年6月24日（月）〜8月9日（金）

② 　受験申請の受付期間：令和6年6月25日（火）〜8月31日（土）消印有効

③ 　一次試験（筆記試験）：令和6年10月19日（土）

④ 　一次試験の合格通知：令和6年11月5日頃まで

⑤ 　二次試験実施要項と指定日時の通知：一次試験の合格通知に併せて本人宛通知

⑥ 　二次試験（口述面接試験）：令和6年11月16日（土）〜18日（月）の指定日時

⑦ 　合格発表：令和6年12月下旬頃まで（本人宛に郵送にて通知）

　※注：申請書類の提出期限を厳守してください。所定の資格審査は，資格審査委員会で行われ，この結果が理事会で承認されると最終的な合否が決定されることになります。なお，試験および合否に関する問い合わせには一切応じませんので，その点での受験者のご理解を得ておきたいと思います。

2）資格審査に関する試験の方式と内容

　資格審査に関する試験は，一次試験と二次試験で行われます。合格の判定は，この一次と二次の試験の成績を総合して決定します。なお，二次試験の受験資格は，一次試験の「マークシートによる多肢選択方式による試験」の成績に基づいて判定されます。したがって，二次試験の受験資格通知は，一次試験で行われる論述記載方式による試験（通称，論文試験）の成績を含むものではありません。つまり，最終的な合格決定に至る具体的な資格審査は，「多肢選択方式による試験，論述記載方式の試験，口述面接試験」のそれぞれの成績を総合して行われます。

　一次試験は，2種類の筆記試験です。その第1が，100題の設問に解答するマークシート方式による多肢選択方式の試験です。この試験は，「臨床心理士」として最低限理解していなければならない専門基礎知識に関する設問から構成されています。内容は，広く心理学の基礎的設問に加えて，臨床心理士の基本業務である4種の内容（臨床心理査定・臨床心理面接・臨床心理的地域援助・それらの研究調査）に関する基礎的・基本的な専門知識が問われます。また，臨床心理士に関する倫理・法律等の基礎知識およびチーム連携や実践現場での基本的な姿勢や態度にかかわる設問も工夫されています。この試験は，専門知識の単なる暗記力を問うよりも，臨床実践における活きた総合的な知識として修得しているかどうかを問うものです。そのため総合的問題なども加えて，汎用性に立つ固有の専門性という視点から，より質的に高度な専門基礎知識を問う方向からの問題作成に工夫が重ねられています。したがって，受験者は，単に知識や技術を学ぶだけでなく，それを実習等の臨床実践体験に照らしながら生きたものとして学ぶように，つね日頃から心がけて学ぶことが大切です。

　一次試験として行われる筆記試験には，マークシート方式による試験に加えて，心理臨床に関する1題のテーマについて，所定の解答用紙に1,001字

以上 1,200 字以内の範囲内で論述記載することを求める論述試験（論文試験）があります。この論述試験では，簡潔で論理的に内容を表現することはもちろんですが，厳密に求められた字数制限内で論述記載することが大切です。字数制限内でない場合は，二次試験を受験することはできません。

　二次試験は，口述面接試験です。この試験は，複数の面接試験担当者による口述面接試験ですが，単に専門知識や技術の習得度にとどまらず，面接状況での実際の面接関係を体験するような場面構成になると思います。この口述面接試験の状況では，臨床心理士としての基本的な姿勢や態度，アイデンティティ，専門家として最低限備えておくべき人間関係能力の実際が問われる面に主眼があると思います。受験者は，面接試験の場を臨床心理面接のモデル場面のようなものとみなして，日頃から臨床実践での備えをしておくことが大切です。このことは，同時に面接試験担当者にも求められることですから，この口述面接試験では，受験者と面接試験担当者の双方にとって，いわば臨床心理面接技能を実地に体験する模擬的な人間関係の場となります。この二次試験は，臨床心理士になるための資格審査試験のなかでも，とくに専門性からの必然として重要な位置にあると考えられます。

　以上，資格審査試験について整理してみました。その具体的な内容については，試験という事情から詳細を述べることはできませんが，多肢選択方式の試験問題については，できるだけ受験者の参考に資するとともに，より公共性をもつ設問づくりを図るために公開する方向での努力を重ねています。本書の発行と以下のⅢ・Ⅳ章は，その具体化を意味するともいえましょう。

3）専門職大学院［臨床心理学修士（専門職）］修了者の特例

　平成 19 年度（2007）から，専門職大学院修了者が受験することになりました。この受験者は，その養成課程が，指定大学院修了者とは制度的に異なり，より臨床実務を照準においた高度専門職業人養成に特化した大学院修了

者といえます。そのため資格審査試験において，特例制度を設けて資格審査を行うことになっています。具体的には，専門職大学院修了者には，一次試験の内，論述記載方式による試験（論文試験）が免除されます。したがって，この専門職大学院を修了した受験者に関する資格審査は，別途の特例システムを整備して行われることになりますが，実質的には，指定大学院修了者に関する資格審査基準との整合性を図って実施されるものです。

F．合格発表と「臨床心理士」の登録手続き

　所定の資格審査は，資格審査委員会で行われ，この結果が当該年度の理事会で承認されると，合否が本人宛に郵送にて通知されます。その時期は，当該年度の12月下旬頃になります。なお，試験および合否に関する問い合わせには一切応じていませんので，受験者のご理解を得ておきたいと思います。

　こうして合格通知を得ると，所定の資格認定証の交付手続料（当分の間：50,000円）等の手続きを所定期日までに完了した人に対して，資格認定協会は「臨床心理士」の資格認定証書と携帯用の身分証明書として本人の顔写真入りの資格登録証明書（IDカード）を発行します。資格審査試験に合格した後に，この手続きを完了して初めて最終的な資格認定がなされる点に留意してください。

　この手続きが完了して「臨床心理士」の資格認定がなされると，同時に当該者の氏名等を，公益財団法人日本臨床心理士資格認定協会が発行する「日本臨床心理士名簿」に登録し，これを公式機関誌『臨床心理士報』により関係機関（大学，研究所，教育委員会，関係官庁，施設等）にも送付して社会的に公開します。これが臨床心理士有資格者の公告といわれるものです。

　以上の手続きが，当該年度末日までに行われ，当該年度の臨床心理士資格

表5　「臨床心理士」資格審査データ

年度	受験者数	合格者数	合格率	合格者累計
昭 63 (1988)	1,841	1,595(23)	86.6	1,595 (23)
平 1 (1989)	1,013	683(16)	67.4	2,278 (39)
平 2 (1990)	1,044	731(38)	70.0	3,009 (77)
平 3 (1991)	666	477(24)	71.6	3,486(101)
平 4 (1992)	420	299(19)	71.2	3,785(120)
平 5 (1993)	347	231(20)	66.6	4,016(140)
平 6 (1994)	495	345(10)	69.7	4,361(150)
平 7 (1995)	938	676(54)	72.1	5,037(204)
平 8 (1996)	590	433 (9)	73.4	5,470(213)
平 9 (1997)	575	411 (8)	71.5	5,881(221)
平 10 (1998)	672	503(10)	74.9	6,384(231)
平 11 (1999)	971	701(25)	71.2	7,085(256)
平 12 (2000)	1,175	827(36)	70.4	7,912(292)
平 13 (2001)	1,290	887(26)	68.8	8,799(318)
平 14 (2002)	1,774	1,284(29)	72.4	10,083(347)
平 15 (2003)	2,266	1,450(34)	64.0	11,533(381)
平 16 (2004)	2,809	1,720(20)	61.2	13,253(401)
平 17 (2005)	2,905	1,844(17)	63.5	15,097(418)
平 18 (2006)	2,495	1,635(22)	65.5	16,732(440)
平 19 (2007)	2,205	1,519(12)	68.9	18,251(452)
平 20 (2008)	2,412	1,579(15)	65.5	19,830(467)
平 21 (2009)	2,531	1,577(15)	62.3	21,407(482)
平 22 (2010)	2,607	1,598(11)	61.3	23,005(493)
平 23 (2011)	2,740	1,661 (9)	60.6	24,666(502)
平 24 (2012)	2,812	1,663(10)	59.1	26,329(512)
平 25 (2013)	2,804	1,751(24)	62.4	28,080(536)
平 26 (2014)	2,664	1,610(12)	60.4	29,690(548)
平 27 (2015)	2,590	1,601(25)	61.8	31,291(573)
平 28 (2016)	2,582	1,623(30)	62.9	32,914(603)
平 29 (2017)	2,427	1,590(24)	65.5	34,504(627)
平 30 (2018)	2,214	1,408 (9)	63.6	35,912(636)
令 1 (2019)	2,133	1,337 (6)	62.7	37,249(642)
令 2 (2020)	1,789	1,148 (4)	64.2	38,397(646)
令 3 (2021)	1,804	1,179 (9)	65.4	39,576(655)
令 4 (2022)	1,810	1,173(12)	64.8	40,749(667)
令 5 (2023)	1,705	1,134(11)	66.5	41,883(678)

備考：各欄に記載の( )内の数字は合格者に占める医師免許取得者の数。

審査が終了することになります。

　最後に，昭和63年（1988）に「臨床心理士」資格審査が始まって以降，毎年どのくらいの受験者があり，合格して資格認定されてきたか，表5として令和5年（2023）までを一覧にしてみました。参考にしてください。

　なお，この表にみる合格者は，最終合格者数です。平成26年度以降直近の10年間の合格率の平均は63.8％となっています。

　また，次章（Ⅲ）「資格試験問題の公開」の最初に，平成3年度（1991）以来の各年度の一次試験「マークシートによる多肢選択方式による試験」（試験問題100題）における各年度の得点分布・平均点を示しています（表6）。あわせて参照してください。

3．専門業務とその活動像

　「日本臨床心理士名簿」に登録された「臨床心理士」は，社会的な責任を負う高度専門職業人として，いよいよ専門業務に努めることになります。業務を遂行するに当たっては，まず第一に，臨床心理士としての「倫理綱領」を踏まえて，専門家としての厳しい自覚のもとに歩みを始めなくてはなりません。この専門倫理・専門義務に基づく基本姿勢は，専門業務に携わる実際活動の内に，つねに生きた態度として反映できるものである必要があります。その意味で，臨床心理士が生涯にわたって備えるべき最も重要な専門性の根本であると思います。

　ところで臨床心理士は，やはり生身の人間です。専門業務としての活動においては，この専門性の特徴として，生身の人間性が問われます。しかし，臨床心理士資格は，決して万能ではない生身の個人に付与されるものです。そのため，臨床心理士自身の自覚において，また継続的な資格審査制度によって，専門資質の維持向上を図ることが重要課題になります。臨床心理士の資格制度は，こうした専門性の特徴を踏まえて，とくに資格取得後の専門資質を担保するための入念な制度を整備することによって，国民ユーザーへの社会的責任に応える特別な資格を確立してきたところです。このことを象徴するものが，「資格更新制」という臨床心理士資格に特徴的な制度です。

　以下では主に，臨床心理士として継続的に活動していくために必要なことは何かという観点から，専門業務や多様な活動実態について概説します。大学院養成課程を選択したり，そこで学ぶ学び方を考える際に，また受験段階での備えとして参考にしてください。

A．臨床心理士としての専門資質の維持向上を図るために

　臨床心理士の資格は，生身の個人に与えられるもので，客観的には見えにくい内面的な心を使った人間関係能力という臨床実践技能の専門資質に付与

されるものです。それだけに，臨床心理士の専門資質の維持向上について
は，有資格者自身による自覚的な自己研修が特に要請されるだけでなく，入
念な教育研修を幾重にも求める制度的な整備を図って特別に担保することが
必須になります。それは，個人的・主観的な思い込みや万能感などの身勝手
で閉鎖的な臨床実践技能によるユーザーへの危険性を防止するためだけでな
く，臨床心理士自身がユーザーからの影響によって陥る内面的な危険性を防
止する意味もあります。

　以下では，臨床心理士の資格取得後，自ら専門資質の維持向上を図るため
の制度，いわゆる「資格更新制」を中心に考えてみることにします。

　この制度は，臨床心理士資格審査規程第5条第2項に定めるもので，次の
ようになっています。

　『「臨床心理士」の資格認定証の交付を受けた者は，交付日より起算して
5年後に資格更新手続きを行い本協会が定める「臨床心理士教育・研修委員
会規程別項」第2条の内容を充足し，資格認定証交付の際発行した資格登録
証明書の再発行を受けなければならない』。

　つまり臨床心理士は，生涯学習的に教育研修を受けなければならない資格
であることを，十分に理解しておくことが大切だということです。

　教育研修の機会は，以下のように質的・量的にも，さまざまに充実が図ら
れていますので，資格取得後においてこそ，ユーザーへの社会的・専門的な
責任と義務として自覚的に活用し，つねに専門資質の維持向上に努めること
が大切です。

　臨床心理士教育・研修委員会規程別項には，要約すると「臨床心理士は，
その資格認定を得た日より満5年を経過する前日までに，以下の①より⑥に
示す教育研修機会のうち，3群（種）以上にわたって，計15ポイント以上を
取得していなければならない」となっています。そこに規定されている教育
研修機会とは，以下の6群（種）です。

① 本協会が主催する「臨床心理士のための研修会」,「心の健康会議」への参加
② 日本臨床心理士会もしくは県単位の当該臨床心理士会が主催して行う「研修会」への参加
③ 本協会が認める関連学会での諸活動への参加
④ 本協会が認める臨床心理学に関するワークショップまたは研修会への参加
⑤ 本協会が認めるスーパーヴァイジー経験
⑥ 本協会が認める臨床心理学関係の公刊研究論文・著書の出版

　資格取得後に臨床心理士に義務づけられ，資格更新に必要な教育研修機会の概要は上記のとおりですが，ここでもまた教育研修をつうじて学ぶ学び方が大切です。本来的には，日頃の臨床実践においてユーザーをはじめ，他の臨床心理士や関連専門家から学ぶとともに，自学自習する自己研修が基本ですが，同時に教育研修を生きた学びの機会として活かす学び方にもつながっていることです。教育研修を単に義務的に学ぶことにとどまらないで，毎年度に多様な生きた研修ポイントを積み重ねることが望まれます。
　以上のように，臨床心理士資格には，資格更新が必須要件になっています。それは，この専門資質には，生涯学習的な教育研修によってこそ担保しなければならない特殊性があるためです。つまり，この専門資質は，単なる人生経験や臨床実践経験の長さや量，熱意や情熱を超えて，生涯学習的な自己研修によって培いながら維持向上を図るところに専門性があるといえます。その意味で資格更新制は，臨床心理士の専門性に立った恒常的な自己点検・評価システムであり，同時に他者評価システムでもあると思います。ただし，このことは資格取得後の臨床心理士のみに求められることではなく，むしろ大学院で養成教育を受ける最初の段階においてこそ重要であると思い

ます。指導に携わる者を含めて，こうした点に実際体験的な理解を深めなが
ら，単なる情熱や人生経験を超えた専門資質を培うことによって，たえず臨
床心理士の初心をユーザーのために洗練していくことが大切です。

B．臨床心理士の専門業務

　臨床心理士の専門業務は，四つに大別して理解されています。それらは，
①臨床心理査定，②臨床心理面接，③臨床心理的地域援助，④以上の3領域
に関する研究調査，となっています。

　臨床心理士の資格は，この専門業務の単一的な技能について与えられるの
でなく，すべてにバランスよく総合された専門資質について認定するもので
あることを十分に理解しておくことが大切です。このことを前提に，ここで
はそれぞれについて，主に資格審査を受ける受験者を念頭において，たとえ
ば試験での審査基準を想定して以下に概説します。

　①　臨床心理査定に関する業務は，できるだけ多様な心理査定法を習得
し，職業倫理に基づいて，ユーザーへの心理査定を十全に行い，その個別性
を深く広く描き出して，臨床心理面接等との関連で活かしていく臨床実践技
能のことです。この専門技能に習熟するには，長期的な修練と経験が必要と
されますが，まず基礎知識と基礎的技術を習得し，人間理解の専門家として
の姿勢と枠組みをもって臨床心理査定に携わることができること，正確で信
頼できる生きた資料づくりに基づいた臨床心理査定を行いうること，その結
果を専門的観点から適切に伝えることができること，といった専門業務に携
わるための基礎的な臨床実践技能になります。臨床心理士の活動領域は広範
囲に及びますから，その領域によって，また対象となるユーザーの条件によ
って，臨床心理査定への導入の仕方，臨床心理査定法の選び方，テストバッ

テリーの組み方，判断の基準，結果を報告する際の焦点などが複雑に違ってきます。そうした点を想定しながら，自分が体験する臨床実践領域で主にかかわるユーザーとの実際業務として，臨床心理査定を行い，臨床心理事例研究報告として伝える基礎能力を備えていることが求められます。

　② 臨床心理面接に関する業務は，他の専門業務の基盤になる基本的な人間関係技能であるとともに，臨床心理士の中心的な臨床実践技能によるものです。臨床心理士の資格審査試験でも，とくに重視される口述面接試験で実際に問われる専門資質です。また臨床心理士は，単に問題や活動領域に携わるのではなく，問題を抱えて，そこに生きる人にかかわる専門家ですから，まずユーザーとの人間関係に専門性の基本が問われるわけです。臨床心理士資格の特徴として「汎用性」が求められるゆえんです。この専門資質の基礎が，臨床心理面接の業務に必要な臨床実践技能であると思います。臨床心理面接では，多種多様な技法がありますが，その基本的な理論や技術に関する専門知識はもとより，実地体験的に臨床心理面接を行う専門技能が求められます。大学院での養成課程では，学部段階でのそれと明確に区別される点として，実際にユーザーとの面接体験をすることになり，同時に生の臨床事例報告に触れる体験をするわけです。そうした臨床実践事例に関する体験学習の過程においては，すべての授業が臨床実習に相当するような意味をもつと考えられます。とくに附属相談施設では，そこでの時間・空間という場そのものが臨床実践体験的な意味をもっていると思います。こうした指定・専門職大学院に固有の教育環境を基盤にして，この臨床心理面接に関する臨床実践技能の基礎が培われるのだと思います。前述した大学院で学ぶ学び方，資格審査での口述面接試験の概説で述べた点が，この教育条件を活かした自学自習の成果として身についてくることが期待されます。その際の学び方として，個別的なスーパーヴィジョンを継続的に体験しながら習得することが大

切になります。

　この臨床心理面接の詳細な内容は省略せざるをえません。しかし，教育課程では基本的に，臨床心理士ではない条件での困難な習得が求められるだけに，とくに心を使ってイメージを膨らませながら意味を求めるような，専門的な人間関係のシミュレーション学習が，この専門資質を習得するうえでの重要課題になるのだと思います。こうして，まず眼前の生身の人間と直接体験的に関係するうえでの基本的態度や関係を生きる技能が，専門資質として身についてくることが期待されます。この専門資質は，まさに直接の人間関係をつうじないとわかり得ないところに理解されにくさがありますが，それゆえに臨床心理士に固有の専門性の在処（ありか）でもあると考えられます。身近な臨床心理士との語り合いを大切にして体験的に学びながら，臨床心理面接の多様性と内面的な広がりや深さについて理解を深めてください。

　③　臨床心理的地域援助に関する業務は，臨床心理士が行う業務のなかで，もっとも直接的に地域の人びとに接近した専門活動です。臨床心理士の専門業務は，ユーザーの求めを待ってかかわることが多いのですが，この地域援助の業務では，しばしば既設の面接室の外で行われるものです。ときには臨床心理士の側から介入していくような設定での業務になることもあります。そうした地域援助活動では，しばしば定型的なルールが変動する状況での臨床実践技能が期待されることもあり，予想もしないテーマが持ち込まれたりします。とくに臨床心理面接としての場面設定などを含めて，臨床実践技能を用いるための条件整備そのものが現実課題になります。したがって，臨床心理査定・臨床心理面接を行うにしても，その条件整備に臨床実践技能を踏まえた専門資質を発揮することが求められます。このような専門資質は，あらかじめ整備された条件での臨床心理業務の応用的な単なる変法とみなすよりは，むしろ臨床心理士ならではの創造的な人間関係技能を用いて適切な現

実的設定を行う業務として，積極的に位置づけることが期待されます。その際に必要な臨床心理士としての専門知識や技能として，他の専門家をはじめユーザーがともに生きる地域住民の暮らしに触れるチーム連携能力が求められます。臨床心理士の専門資質に関する社会性・現実性が問われる業務であり，この専門資格について臨床心理士が築いてきた今日の社会的な有用性の基盤が，実は臨床心理的地域援助業務にあったと考えられます。

　④　研究調査に関する業務は，リサーチを通してユーザーに関する認識を深め，臨床心理士自身の経験を捉え直し，他の臨床心理士と経験や知見を相互に検討し分かち合うことによって，臨床心理士個人の臨床実践技能と認識に公共性と社会的現実性を与えていくものです。その意味で，この専門業務は，臨床心理士の専門性を表現し，より洗練しながら，専門的活動に確固とした学問的基盤を求めていく専門資質といえます。人間の内面的な心の世界にかかわる臨床心理士の活動は，また主観的で個別的でもあり，心の不可視性が基盤であるだけに，理解されにくさが本来的に伴います。しかし，すべての業務において臨床心理事例研究パラダイムからの学問的研究が基本になりますし，単なる一事例とみなす認識を超えて普遍化をめざしていきます。その基礎になる事実は，あくまで実際の臨床実践業務をつうじた臨床実践に基づくものであり，直接の人間関係における関係性をつうじて得られた事実に立脚した研究である点に独自性があるわけです。それは，個人の主観的な臨床実践体験からの事実に基づくものであり，一般的な調査的研究における質的な事例研究とはまったく異なるものです。もちろん，臨床心理士は，臨床実践倫理を踏まえた調査的・数量的な研究を行う専門資質を備えていることが大切ですが，臨床心理事例研究法は，臨床心理士でなければできない，この専門性に固有で独自の研究法であると考えられます。そこで，この臨床事例研究法の基盤である臨床実践体験を得る方法に注目する必要がありま

す。

　それは臨床心理面接法という臨床心理士が用いる基本的な方法によるものです。臨床心理士が行うすべての専門業務において，臨床心理事例研究法が成り立つためには，その基盤である面接という方法論自体を照準におく臨床実践に基づく研究視点を忘れないことが大切だと思います。本来，研究とは創造的な活動ですから，不可知性から出発せざるを得ない臨床心理士の研究視点は，臨床実践に関するすべての専門業務に創造的視点が求められる専門性に相応しいと思われます。研究調査業務についても，臨床心理士に固有の専門性と照らしながら理解を深めてください。

Ｃ．臨床心理士はどのような分野で活動しているのか

　臨床心理士の活動領域は，極めて広範囲に及んでいます。そもそも臨床心理士資格は，「汎用性」を特徴にしています。この汎用性は，問題領域や活動領域から規定したものではなく，臨床心理士の専門資質が本来的に人間の生活全般を照準におく点に由来しています。したがって，結果的に活動領域が広汎になるのは当然のことですし，今後も人間が存在するところすべてに広がる可能性があると考えられます。

　しかし，実際の活動領域は，さまざまの現実的な条件によって規定されます。その条件には，臨床心理士の実際的な臨床実践能力の質的な程度，他の専門職種との関連性，問題についての心理的要因の関与度，臨床心理士への理解度，臨床心理士の存在数などの複雑多様なことが考えられます。昭和63年（1988）前までは，そもそも臨床心理士という専門家はいなかったわけです。現在のように活動領域が広汎になったこと自体が驚異的なことなのかもしれません。しかし，この発展事実は，やはり社会的・時代的な人間事情における国民的ニーズの反映であると考えられます。

　こうした背景を基盤にして，臨床心理士の活動領域も現実選択的に展開していると思います。臨床心理士の資格審査試験においても，そうした活動領域を踏まえて，その活動を推進するうえでの専門資質の備えという観点から，臨床実践の実際に適合するよう内容的な工夫をしてきています。臨床心理士の活動領域は，教育，医療，司法，福祉，産業など多様な職域がありますが，子ども・高齢者支援，被害者支援といった心の問題を抱えた人についての支援事業領域も多様な展開をみています。

　以下では，臨床心理士が活動する代表的な領域について紹介しますので，臨床心理士をめざすうえでの参考にしてください。

　教育領域においては，スクールカウンセラーとしての臨床心理士の活躍がよく知られるところです。この事業は文部科学省が推進する事業で，全国の公立中学校を中心に約1万5千校に配置され，小・高等学校へと拡大されています。各都道府県の教育委員会から派遣依頼されて活動する臨床心理士を，学校臨床心理士と呼んでいます。現在，全国で5千9百余人が活動し，この事業の圧倒的多数を臨床心理士が担っています。また，最近では私立学校で活躍するスクールカウンセラーも増えています。教育領域では他にも，総合教育センターでの教育相談，適応指導教育，特別支援教育等において，「不登校」や「いじめ」をはじめ発達障害児童生徒および保護者，学校教師への相談活動に活躍しています。また，全国各地で発生する自殺や殺傷事件後などでのさまざまな教育緊急事態における臨床心理士による心の支援活動も中心的に担っています。また，大学での臨床心理士の活動も活発に行われています。たとえば学生相談をはじめ，指定大学院等の教員として多数の活躍があります。これらの他にも，多様な教育支援活動がなされています。

　医療領域では，病院やクリニックをはじめ，さまざまな医療機関において活発な臨床心理士活動が展開されています。精神神経科，心療内科，小児科

等での活動はもとより，最近では多様な医療領域（ほとんど全科に及ぶ）において活躍しています。また，広く地域社会におけるメンタルヘルス活動を担う臨床心理士の活動も展開されています。この医療領域での活躍は，臨床心理士の伝統的な活動となっています。

　司法領域では，家庭裁判所，少年院，刑務所等をはじめ，司法・矯正施設や機関での活動等が行われています。

　福祉領域でも，子どもや高齢者支援をはじめ全国の福祉関連施設，機関およびさまざまな福祉事業において臨床心理士が活動しています。

　産業領域では，企業等における職場カウンセリングをはじめ，職場のメンタルヘルス活動を積極的に担っています。また，広く都道府県自治体における公務員の心の問題に対応する相談活動が活発に行われています。今後，さらに展開が期待される活動領域です。

　以上に述べた活動領域を越えた地域総合的な積極的な臨床心理士活動が全国的に行われています。子育て支援，子ども・若者支援，高齢者支援をはじめ，HIV カウンセリング，犯罪被害者支援，とりわけ震災や水害等の自然災害後の緊急支援活動とともに息の長い長期的で地道な臨床心理士の活動があります。東日本大震災後の支援活動においても，多様な専門家との連携のもと，被災地はもとより全国での広域的な活動を行っています。また，海外在住者や諸外国人在住者に対する国際的な視点からの相談活動が，多様な領域において臨床心理士に求められています。自死防止カウンセリング，警察や自衛隊等での臨床心理士活動も定着してきています。

　最後に特筆しておきたい活動領域として，私設臨床心理士の活動があります。いわゆる開業臨床心理士です。この私設臨床活動は，いろいろと困難な現実的条件整備のための社会的能力や，法律や医療機関等との連携能力をはじめ，何よりも臨床心理士自身に高度な社会的専門資質が求められますが，かなり定着してきています。今後の展開が期待される領域です。

　これらの他にも多様な臨床心理士の活動が想定されますし，実際に開発されつつある領域もあります。そうした臨床心理士の地道で精力的な活躍によってこそ，この専門資格が現在の社会的有用性を築いてきたことを忘れてはなりません。平成25年（2013）4月1日より，公益財団法人化されたこともその歴史的実績の証であり，ますます社会的責務を自覚する必要があります。そして，つねに初心を忘れることなく，臨床心理士資格の現状は，なお創造的に開発し確立していかなくてはならない段階にあると謙虚に認識する必要があります。そのためには，まず臨床実践をつうじて高度な専門資質を維持向上させ，他の多くの関連専門家との新しい連携のもと，広く国民ユーザーに対する専門業務の質をより洗練することに努めることによって，社会的に責任のもてる臨床心理士資質を高めていくことが最重要課題です。臨床心理士になるためには，このことを自覚し，既存の活動領域を想定するだけではなく，むしろ自ら創造的に開発していく専門家になるためにこそ専門資質の錬磨に励む覚悟が求められることを銘記したいものです。

　公益財団法人日本臨床心理士資格認定協会は，関連する行政機関や学会はじめ専門職能団体との協力も得ながら，臨床心理士の専門資質の維持向上と国民ユーザーへのより質の高い専門活動を推進するために，専門家養成に関する大学院教育制度の充実，より洗練された資格審査試験体制の整備，資格更新制を含む専門資質の維持向上を図る教育研修体制の整備をつうじて，臨床心理士の資格審査内容の高度化を図ることによって，より一層社会的責任に応え得る専門資質向上の促進体制を構築していきたいと願っています。

（藤原勝紀）

Ⅲ

資格試験問題の公開

令和5年度（2023）の一次試験問題100題のうち，40題を公開します。

本章（Ⅲ）では出題された問題のみを提示します。次章（Ⅳ）で一括して，正答と解説をします。

なお，慣例的に示してきた各年度の得点分布・平均点は，令和5年度を加えて表6に示します。マークシート方式試験の解答方法（要領）も参考に示しておきます。

解答方法

1）問題は解答を一つ求める形式になっています。正答と思うものを，解答用紙の問題番号と同じ番号の「解答欄」に解答してください。正答と思う記号を a，b，c，d，e の中から一つ選んで，次の例にならって塗りつぶしてください。

（例　正答が c と思う場合）

問題	解　答　欄
1	ⓐ ⓑ ● ⓓ ⓔ

2）採点は専用機器によって行いますので，解答用紙への解答は HB の鉛筆（シャープペンシルは使用できません）を使用し，枠外にはみ出さないように濃く塗りつぶしてください。塗りつぶし方が不適切な場合は，解答したことになりませんので，注意してください。

3）一度解答した箇所を訂正する場合は，消しゴムで，消し残しのないように完全に消してください。鉛筆の跡が残ったり，×のような消し方などをした場合は，訂正または解答したことになりませんので，注意してください。

表6　一次のマークシート方式試験の各年度得点分布・平均点

年度	得点分布	平均
平成 3 年度（1991）	89〜58 点	70.6 点
平成 4 年度（1992）	80〜40 点	61.4 点
平成 5 年度（1993）	82〜45 点	61.4 点
平成 6 年度（1994）	76〜38 点	60.5 点
平成 7 年度（1995）	80〜29 点	58.9 点
平成 8 年度（1996）	73〜30 点	53.0 点
平成 9 年度（1997）	80〜27 点	56.3 点
平成10年度（1998）	78〜27 点	55.6 点
平成11年度（1999）	77〜27 点	55.7 点
平成12年度（2000）	78〜19 点	55.0 点
平成13年度（2001）	68〜23 点	48.2 点
平成14年度（2002）	82〜20 点	60.0 点
平成15年度（2003）	81〜21 点	57.4 点
平成16年度（2004）	73〜23 点	52.8 点
平成17年度（2005）	79〜26 点	55.4 点
平成18年度（2006）	89〜22 点	67.2 点
平成19年度（2007）	85〜30 点	60.3 点
平成20年度（2008）	82〜30 点	60.9 点
平成21年度（2009）	86〜19 点	59.5 点
平成22年度（2010）	84〜27 点	62.1 点
平成23年度（2011）	83〜23 点	60.2 点
平成24年度（2012）	88〜26 点	64.4 点
平成25年度（2013）	85〜25 点	60.2 点
平成26年度（2014）	86〜26 点	62.8 点
平成27年度（2015）	88〜31 点	60.9 点
平成28年度（2016）	86〜27 点	60.7 点
平成29年度（2017）	85〜25 点	60.4 点
平成30年度（2018）	90〜29 点	63.0 点
令和元年度（2019）	85〜22 点	61.4 点
令和 2 年度（2020）	88〜29 点	66.9 点
令和 3 年度（2021）	88〜31 点	62.8 点
令和 4 年度（2022）	83〜19 点	59.9 点
令和 5 年度（2023）	83〜24 点	59.0 点

1. 令和5年度試験問題

問題1

　臨床心理学の発展に寄与した人物とその業績に関する次の文章の空欄〔A　B　C　D〕に該当する語句として，下のa～eの組み合わせの中から，<u>正しいもの</u>を一つ選びなさい。

　Freud, S. は　A　のもとで催眠療法を学び，　B　の治療に自由連想を用いた精神分析を創案した。その後，彼の理論は様々に展開されていったが，新フロイト派では，基底不安の概念を提唱した　C　，マルクス主義の影響を受け社会的ヒューマニズムの視点に基づいた　D　などが活躍した。

　（組み合わせ）

	A	B	C	D
a ．	Janet, P.	統合失調症	Horney, K.	Fromm, E.
b ．	Janet, P.	神経症	Balint, M.	Fromm, E.
c ．	Charcot, J. M.	神経症	Horney, K.	Fromm, E.
d ．	Charcot, J. M.	神経症	Balint, M.	Bion, W. R.
e ．	Janet, P.	統合失調症	Balint, M.	Bion, W. R.

問題4

　心理統計における信頼性と妥当性に関する次の文章の空欄〔A　B　C　D〕に該当する語句として，下のa～eの組み合わせの中から，<u>最も適切なもの</u>を一つ選びなさい。

　　A　は，測定ツールや手法の安定性を表す指標であり，その指標として使われるのが，　B　である。
　　C　は，測定ツールや手法が本来測定すべきものを正確に測定しているか

どうかを表す指標であり，既存の調査方法や測定ツールと新しい方法との結果の相関を調べることが　D　の評価方法として一般的に用いられる。

（組み合わせ）

	A	B	C	D
a.	信頼性	有意水準	妥当性	併存的妥当性
b.	信頼性	クロンバックのα係数	妥当性	再検査法
c.	妥当性	クロンバックのα係数	信頼性	再検査法
d.	信頼性	クロンバックのα係数	妥当性	併存的妥当性
e.	妥当性	有意水準	信頼性	再検査法

問題5

DSM-5における限局性学習症に関する次の記述のうち，最も適切なものの組み合わせを下のa～eの中から一つ選びなさい。

A. 言語やコミュニケーションの社会的使用において，基礎的な困難さがあることを特徴とする。

B. 診断には，その困難を対象とした支援が提供されているにもかかわらず，症状のうち少なくとも一つが，6カ月間持続していることにより診断される。

C. 重症度のレベルは，IQによって判断される。

D. 数学的推論の困難さは，限局性学習症における算数の障害の一つである。

（組み合わせ）
a. A　B
b. A　C
c. B　C
d. B　D
e. C　D

問題6

　発達における個人と環境の相互作用に関する次の記述のうち，適切なものの組み合わせを下のa～eの中から一つ選びなさい。

A．Bronfenbrenner, U. は，個人には，家族や友人だけでなく，個人が直接関与しない文化などが関連するとして生態学的システム理論を提唱した。

B．Bandura, A. は，他者の行動観察を通して，行動を学習する社会的学習理論を提唱した。

C．Watson, J. B. は，個人は試行錯誤によって，目的を達成して学習するという理論を提唱した。

D．Piaget, J. は，子どもが環境の影響を受け，それに応じて各発達段階に達成する課題を明示した，漸成的発達理論を構築した。

　　　（組み合わせ）
　　　a．A　　B
　　　b．A　　C
　　　c．A　　D
　　　d．B　　D
　　　e．C　　D

問題9

　ある2つの町の高齢者を対象に，「困ったときに相談できる相手がいるか」について，二択「いる・いない」の回答を求める調査を無作為抽出で実施した。その結果，「いる」と回答したのは，A町では298名中203名，B町では288名中130名であった。2つの町の「いる」と回答した者の比率を比較することとなった。

　この場合の分析方法に関する次の記述の中から，正しいものを一つ選びなさい。

a．カイ二乗検定

b．t 検定

c．符号検定

d．Mann–Whitney' U 検定

e．2要因分散分析

問題 13

対人認知に関する次の記述のうち，正しいものの組み合わせを一つ選びなさい。

A．親近性効果とは，繰り返し接触することで，その対象への好意度が高まることである。

B．態度や性格傾向，価値観が自分に似ていると認識することは，好意度と結びつきやすい。

C．魅力の類似性とは，自分に魅力を感じてくれる人に対して，好ましい感情を抱きやすいことである。

D．提示される情報の順序によって，形成される印象は異なる。

（組み合わせ）

a．A　B

b．A　C

c．B　C

d．B　D

e．C　D

問題 17

抗うつ薬に関する次の記述のうち，正しいものの組み合わせを下の a〜e の中から一つ選びなさい。

A．ベンゾジアゼピン受容体に作用する。

B．不安，焦燥，不眠の出現に注意する。

C．セロトニンやノルアドレナリンの再取り込みを阻害する。

D．同量を継続的に服用すると耐性が生じるため，効果がみられなくなる。

1．令和5年度試験問題　51

（組み合わせ）

a．A　　B

b．A　　C

c．B　　C

d．B　　D

e．C　　D

問題 18

　心理学者に関する次の記述のうち，<u>正しいものの組み合わせ</u>を下のa～eの中から一つ選びなさい。

A．Hall, G. S. は，内省的観察を重視し，意識の流れという概念を提唱した。

B．Thorndike, E. L. は，チンパンジーの問題解決行動を研究し，洞察という概念を提唱した。

C．Lewin, K. は，集団の変化が個人に影響を与えるという力動過程を想定し，グループダイナミクスを提唱した。

D．Wertheimer, M. は，ゲシュタルト心理学の立場から，仮現運動の研究を行った。

（組み合わせ）

a．A　　B

b．A　　C

c．B　　C

d．B　　D

e．C　　D

問題 23

　描画法に関する次の記述のうち，<u>正しいものの組み合わせ</u>を下のa～eの中から一つ選びなさい。

A. HTPPテストは，家，木，人（子ども），人（成人）を別々の用紙に描かせる方法である。

B. 風景構成法で提示される要素（アイテム）は，10個である。

C. S-HTP法は「家と木と人を入れて，何でも好きな絵を描いてください」と教示する。

D. バウムテストを解釈するときは，形式分析から始める。

（組み合わせ）

a．A　　B

b．A　　C

c．B　　C

d．B　　D

e．C　　D

問題26

発達障害の診断補助として使用されるアセスメントツールに関する次の記述の中から，正しいものを一つ選びなさい。

a．CAADIDは，成人の自閉スペクトラム症の症状を評価する。

b．PARS-TRは，児童の注意欠如・多動症の症状を評価する。

c．ADOS-2は，成人の限局性学習症の症状を評価する。

d．CARSは，児童の限局性学習症の症状を評価する。

e．CAARSは，成人の注意欠如・多動症の症状を評価する。

問題27

防衛機制に関する次の記述のうち，正しいものの組み合わせを下のa～eの中から一つ選びなさい。

A. 反動形成では，受け入れがたい欲動や衝動の抑圧が同時に生じる。

B. 原始的防衛機制とは，分裂，投影，否認の3つである。

C．昇華とは，特定の知的創造活動ばかりではなく，より一般的な社会活動に寄与する機制である。

D．Freud, S. は，愛他主義，攻撃者への同一化という独自の防衛機制を提唱した。

（組み合わせ）

a．A　B
b．A　C
c．B　C
d．B　D
e．C　D

事例問題

次の事例を読んで，**問題 28** から**問題 30** の設問に答えなさい。

【事例】

Aさん（小学2年生，男児）は，些細なことでイライラし，教室内で友だちとトラブルになることの多い児童である。授業中にわからないことがあると，席を立ち，歩き回るような行動がたびたび起こった。見かねた担任が注意すると，泣き出すこともあった。

学習面では，ひらがなをマスの中にそろえて書くことが難しく，漢字は1年生時に習ったごく簡単なものを除いて，書き取りはほとんどできなかった。算数に関しては1桁どうしのたし算やひき算はでき，九九も覚えることはできたが，文章問題は「できない」と強く抵抗を示した。

このAさんへの対応について学校より助言を求められた教育センターの臨床心理士は，心理アセスメントの一環として，WISC-ⅣとP-Fスタディを実施した。2つの心理検査の結果は以下のとおりであった。

【WISC-Ⅳ】

FSIQ＝89　VCI＝101　PRI＝80　WMI＝103　PSI＝81

単語＝12　類似＝8　理解＝11

積木模様＝7　行列推理＝6　絵の概念＝8

数唱＝13（順唱＝15；逆唱＝5）　語音整列＝8

符合＝6　記号探し＝7

【P-F スタディ】

GCR＝56%　U＝3

E' と I は平均＋SD を上回り，E，M，M'，e，m は平均－SD を下回る。

i と I' は平均±SD 内である。

問題 28（事例問題）

A さんの WISC-Ⅳの結果の解釈に関する次の記述のうち，<u>適切なものの組み合わせ</u>を下の a ～ e の中から一つ選びなさい。

A. 同年齢の子どもと同程度に，言葉を使って考えることや推理することができる。

B. 提示される視覚情報の読み取りや理解に関する力は，年齢相応である。

C. 提示される聴覚情報を単純に記憶する力は，優れている。

D. 複数の情報を同時に認識し，それらを統合する力は，優れている。

　（組み合わせ）

　a．A　B

　b．A　C

　c．B　C

　d．B　D

　e．C　D

問題 29（事例問題）

　P-F スタディの結果から予測されるＡさんの特徴を示した次の記述のうち，<u>適切なものの組み合わせ</u>を下のａ〜ｅの中から一つ選びなさい。

A．欲求不満状況で一般的な対応はできるが，時々状況判断を大きく見誤る。

B．不平や不満はしばしば口にするが，他者への援助要請は苦手である。

C．他者に欲求不満の原因を帰属し，直接的に攻撃することが多い。

D．欲求不満状況について，仕方がないとあきらめることが多い。

　　（組み合わせ）

　　ａ．A　B

　　ｂ．A　C

　　ｃ．B　C

　　ｄ．B　D

　　ｅ．C　D

問題 30（事例問題）

　WISC-Ⅳと P-F スタディの結果をふまえ，保護者の同意のもと，臨床心理士は担任に対してＡさんについてのコンサルテーションを行うことになった。

　臨床心理士が担任に伝える内容に関する次の記述のうち，<u>適切なものの組み合わせ</u>を下のａ〜ｅの中から一つ選びなさい。

A．「基本的に，自己評価が低いので，Ａさんを指導する際には，先生の言葉を自罰的に受け取るかもしれません」

B．「Ａさんの他者の話を聞き理解する力は平均的ですが，一度にたくさんの情報を伝えると混乱することがあります」

C．「Ａさんの自尊心を伸ばすために，Ａさんが得意な工作や時間内で早く行う計算課題で，たくさん褒めてあげてください」

D．「Ａさんがイライラする原因は，自分ひとりで問題解決をし過ぎる点にあるので，援助してあげてください」

（組み合わせ）
a．A　　B
b．A　　C
c．B　　C
d．B　　D
e．C　　D

問題 34

　以下の男性の MMPI のプロフィールの解釈に関する次の記述のうち，<u>適切な</u><u>ものの組み合わせ</u>を下の a ～ e の中から一つ選びなさい。

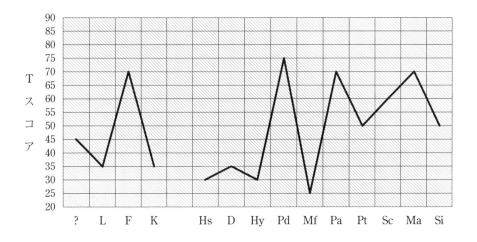

A．情緒的に不安定な状態であり，心理的問題が身体症状として現れやすい。

B．内心は不満を抱きやすいが，表に出すことができず，受動的な攻撃を示しやすい。

C．かなり強い心理的な苦痛を感じており，内心では援助を求めている可能性がある。

D．猜疑的で自分が不当に扱われていると感じやすく，被害的に受けとめやすい。

（組み合わせ）

a．A　　B

b．A　　D

c．B　　C

d．B　　D

e．C　　D

問題 36

　ロールシャッハ・テストの指標の解釈に関する次の記述のうち，正しいものの組み合わせを下のa～eの中から一つ選びなさい。

A．動物運動反応（FM）───────── 概念的思考・空想

B．無彩色反応（FC', C'F, C'）───── 抑うつ傾向

C．内向型の体験型 ─────────── 行動に基づく意思決定

D．形態水準 ───────────── 現実検討力

　　　（組み合わせ）

a．A　　B

b．A　　C

c．B　　C

d．B　　D

e．C　　D

事例問題

　次の事例を読んで，**問題 40** から**問題 42** の設問に答えなさい。

【事例】

　Aさん（74歳，女性）は，1年ほど前から徐々に忘れっぽさが目立つようになった。繰り返し同じことを尋ねる，手際よく買い物や料理ができないなど，以前のAさんとは異なる様子もみられ，夫や近所で暮らす娘夫婦も心配している。数日

前には，慣れ親しんだ場所で迷ってしまい，約束した友人に会うことができなかった。もともとおおらかな人柄で，現時点では体調に問題はないため，本人はそれほど深刻には感じていなかったが，この出来事にはショックを受けたようであった。そこで，家族の促しもあり，念のため認知症の専門病院を受診することになった。

　医師が診察の中で，Aさんや夫に対して丁寧に問診すると同時に，Aさんに HDS-R を実施した。その結果，アルツハイマー型認知症の可能性が考えられた。

問題40（事例問題）

　アルツハイマー型認知症の主な特徴に関する次の記述の中から，<u>最も適切なもの</u>を一つ選びなさい。

　　a．日にちや今いる場所といった見当識の低下が生じる。
　　b．パターン化された行動や発言が繰り返し生じる。
　　c．子どもを見たといった具体的で鮮明な幻視が生じる。
　　d．出来事すべてを忘れるのではなく，想起しづらさが生じる。
　　e．動作の緩慢さや筋固縮といった身体症状が生じる。

問題41（事例問題）

　Aさんの記憶や認知機能の程度をもう少し詳しく知りたいので，HDS-R 以外の心理検査も追加してほしいと，主治医より臨床心理士に依頼があった。その際に，診察時に行った HDS-R はカットオフポイントをわずかに下回ったが，ぼんやりして元気がない様子がみられたため，うつ状態の評価もできないかと相談があった。

　この際の心理検査に関する次の記述のうち，<u>適切なものの組み合わせ</u>を下のa〜eの中から一つ選びなさい。

A．CDR

B．WCST

C．ADAS-cog.

D．GDS

（組み合わせ）

a．A　B

b．A　C

c．B　C

d．B　D

e．C　D

問題 42（事例問題）

　臨床心理士がAさんに心理検査を実施することになった。心理検査の説明を始めると，最初は笑みを浮かべていたが，徐々に「できるかしら…」と不安そうな表情になった。

　Aさんに心理検査を実施する際の留意点に関する次の記述の中から，最も適切なものを一つ選びなさい。

a．Aさんは記憶障害によって検査場面における体験を忘れる可能性が高く，事前の説明は不安や緊張を高めることになるので，簡略化する。

b．検査結果の評価は，どの下位検査で失点しているかよりも，カットオフポイントに照らし合わせて，認知症の可能性の有無から検討する。

c．検査終了後には，検査でできなかったことに対する落ち込みを避けるため，気分や場面を切り替えられるように工夫する。

d．検査場面に家族が同席する際には，Aさんの緊張を和らげるため，最初に家族から，続けてAさん本人から丁寧に話を聴く。

e．検査結果をAさんや家族にフィードバックする際には，正しく理解してもらえるよう，結果の数値やそこからわかることを詳細に説明する。

問題 47

　以下のロールシャッハ・テストの結果の解釈に関する次の記述の中から，<u>最も適切なもの</u>を一つ選びなさい。

〔包括システム〕

　R＝41，L＝2.42，EA＝9.0，EB＝4：5.0，FM＝0，M＝4，m＝3，FC：CF＋C＝2：3，PureC＝2，SumC'：WSumC＝0：5.0，Arf＝0.52，S＝2，Blends：R＝1：41，P＝3

〔片口法〕

　R＝41，F％＝71％，M：Σ C＝4：5.0，FM＝0，M＝4，m＝3，FC：CF＋C＝2：3，PureC＝2，SumC'：Σ C＝0：5.0，Ⅷ Ⅸ Ⅹ/R＝0.34，S＝2，P＝4

　　ａ．外的な情緒的刺激に対して回避的であり，ひきこもる傾向が認められる。

　　ｂ．体験型は内向型であり，問題解決に向けてよく考える人物である。

　　ｃ．感情の発散をうまく調節できている。

　　ｄ．ストレスを抱えていて，緊張が高まっている状態である。

　　ｅ．物事を非常に複雑にとらえる人物である。

事例問題

　次の事例を読んで，**問題 51** から**問題 53** の設問に答えなさい。

【事例】

　Ａさん（小学 1 年生，女児）は，祖母と外出していた際，自動車が 2 人をかすめて壁に衝突する事故に遭遇した。Ａさんと祖母に怪我はなかったが，運転手が大きな怪我を負う事故であった。その日からＡさんには夜驚が出現し，気持ちが落ち着かずにいることが増えた。

　心配した母親に連れられて小児科を受診したところ，「心理的要因が大きい」と言われ，紹介された心理相談機関に来談した。

問題 51（事例問題）

　初回の母子同席面接時，Ａさんは臨床心理士に，「車とぶつかりそうになった。少し元気になってきたけど，まだ怖い」と緊張気味に語り，自分からそれ以上話すことはなかった。

　この際のＡさんに対する臨床心理士の対応に関する次の記述の中から，<u>最も適切なもの</u>を一つ選びなさい。

　a．「怖いと感じている気持ちをたくさん聞かせて」と促す。
　b．「危険な目に遭ったけど，あなたが無事でよかったよ」と伝える。
　c．「今回，気をつけておくべきことはあったかな」と考えてもらう。
　d．「このつらさを早く乗り越えられるよう頑張ろう」と励ます。
　e．「まだ怖いと感じるのは，あたりまえのことだよ」と説明する。

問題 52（事例問題）

　初回の母子同席面接で母親は，Ａさんへの心配や，Ａさんと祖母が危うく事故に遭いそうになった恐怖を語った。しかし，母子並行面接となった２回目からは，母親は，夫婦関係の話を中心に語り，Ａさんに関する話題は少なくなった。

　この際の臨床心理士の理解と対応に関する次の記述のうち，<u>適切なものの組み合わせ</u>を下のａ〜ｅの中から一つ選びなさい。

　Ａ．来談経緯を念頭に置き，この面接では事故やＡさんに関する話をするように促す。
　Ｂ．母親もトラウマ反応から事故の話題を回避していると理解し，その対処法を教える。
　Ｃ．両親の夫婦関係がＡさんに及ぼす影響を意識しながら，母親の語りを傾聴する。
　Ｄ．夫婦関係の話題が続く場合は，面接で話したい内容について母親の希望を尋ねる。

（組み合わせ）

a. A　B
b. A　D
c. B　C
d. B　D
e. C　D

問題53（事例問題）

　Aさんとの遊戯療法では，臨床心理士との関係が次第に深まっていった。

　5回目の面接で，人形で楽しく遊んでいたAさんは，突然その人形を壁に投げつけ，それを拾ってソファに寝かせると，上から砂をかけた。その後も思い詰めた様子で悲しげに，別の人形にも同じ行動を繰り返した。

　この際の臨床心理士の理解と対応に関する次の記述の中から，<u>最も適切なもの</u>を一つ選びなさい。

a. 人形たちをソファから拾い上げ，気を取り直して楽しく遊ぼうと誘う。
b. 現実場面で攻撃的に振る舞うのを助長しないよう，遊びを制限する。
c. Aさんに，この遊びは目撃した事故の再現であるとの解釈を伝える。
d. この遊びを繰り返す中で，遊び方や様子に変化があるか観察する。
e. 耐えがたいほどの残虐性を感じても，大切な遊びとして受容する。

問題54

　臨床現場に保存する記録に関する次の記述のうち，<u>適切なものの組み合わせ</u>を下のa〜eの中から一つ選びなさい。

A. 面接経過や心理検査の結果について，クライエントから開示請求があったときには，原則として求めに応じる必要がある。
B. 記録は，専門家として行ったアセスメントやかかわりを裏づける資料となる。
C. 記録には，面接室に入室してから退室するまでの間に生起する相互交流の

有り様を記載する。

D．クライエントに対してネガティブな印象をもった場合，それも意味あることなので率直に感じたままを記録する。

（組み合わせ）

a．A　B

b．A　C

c．A　D

d．B　C

e．B　D

問題 55

夢分析に関する次の記述のうち，<u>正しいものの組み合わせ</u>を下のa～eの中から一つ選びなさい。

A．Freud, S. が見出した夢の作業とは，顕在夢の内容から潜在夢を読み解くために用いる自由連想を指す。

B．Jung, C. G. の提唱した夢分析では，個人的な連想だけではなく，拡充法を用いて，イメージがもつ象徴性を大切にした解釈を試みる。

C．Perls, F. の提唱したドリーム・ワークは，夢見手が夢の要素を生きる作業を介して，全体性を回復することを目指す。

D．Mindell, A. の開発したドリーム・ワークは，夢分析の方法として，夢の客体水準の解釈と身体性を重視する。

（組み合わせ）

a．A　B

b．A　C

c．B　C

d．B　D

e．C　D

問題62

Gendlin, E. T. によるフォーカシングに関する次の記述のうち，<u>正しいものの組み合わせ</u>を下の a〜e の中から一つ選びなさい。

A．フォーカシングは，深い心理療法プロセスに限定的に生じる身体感覚のことである。

B．フォーカシングは，ぼんやりとした言語化以前の暗々裡の体験を明確化し，表現できるようにする。

C．フォーカシングは，固有の技法や流派であり，他の心理療法の技法と組み合わせて用いることはしない。

D．フォーカシングでは，気がかりなことや問題とすることの，全体の感じに触れる。

　　（組み合わせ）

　　a．A　B

　　b．A　C

　　c．B　C

　　d．B　D

　　e．C　D

事例問題

次の事例を読んで，**問題63** から**問題65** の設問に答えなさい。

【事例】

小学生の子どもをもつAさん（30歳代，女性）は，臨床心理士の資格を取得したばかりで，不登校児の支援施設に勤務し始めた。Aさんは，子育て経験が生かされると感じ，施設の子どもにはできるだけ寄り添い共感的に接するよう心がけていた。

施設の子どもから甘えられ，好意的な手紙をもらうなど手応えが感じられる一方，暴力的で物に当たり暴言を吐く子どももいたため，Aさんは「自分は十分に

対応できていないのでは…」という不安を抱くようになった。上司に相談しよう
かとも考えたが，能力がないと思われるような気がして，打ち明けることができ
ないまま，自信を喪失していった。

　Aさんが臨床心理士を目指したのは，幼少期から母親との関係がうまくいかず，
子どもの心理や家族関係について学び，役立ちたいという想いからであった。し
かし，臨床心理士として行き詰まっているこの状況に焦りも感じていた。

　数週間すると，当初から暴力的であった子どもからAさんへの暴言がエスカ
レートしていった。Aさんは週末になっても疲れが取れず，出勤することも苦痛
になり「自分には臨床心理士の資質がないのかもしれない…」と落ち込むことが
増えていった。

問題 63（事例問題）

　この事例の状況に関する次の記述のうち，<u>適切なものの組み合わせ</u>を下のa～
eの中から一つ選びなさい。

A．上司に相談しにくいという，職場環境が問題である。

B．子どもから甘えられ，好意的な手紙をもらうなど，うまくいっているケー
　スがあることから，Aさんの要因とは考えられない。

C．できるだけ寄り添い共感的に接するよう心がけていたことが，暴言・暴力
　といった不適切な行動に対する報酬となっている可能性がある。

D．十分なアセスメントができず，個人的体験に基づくクライエント理解がな
　されている。

　　（組み合わせ）
　　a．A　　B
　　b．A　　C
　　c．B　　C
　　d．B　　D
　　e．C　　D

問題64 （事例問題）

　Aさんがまず対応すべき事柄に関する次の記述の中から，<u>最も適切なもの</u>を一つ選びなさい。

　a．専門書を読んだり，研修を受けたりすることにより，子どもの暴言・暴力に関する理解を深める。

　b．暴言・暴力など刺激となるような内容に関する研修はしばらく避ける。

　c．心理面接（教育分析やカウンセリング）を受ける。

　d．子どもをさらに理解するために，子どもの親と面接を行う。

　e．信頼できる先輩や同僚に相談する。

問題65 （事例問題）

　その後，Aさんは，臨床心理士の仕事を続けていくために継続的なスーパーヴィジョンが必要であると考え，月2回の個人スーパーヴィジョンを受けることにした。

　本事例において，スーパーヴィジョンでなされるべきことに関する次の記述のうち，<u>適切なものの組み合わせ</u>を下のa〜eの中から一つ選びなさい。

　A．当該の子どもの見立てについて話し合う。

　B．Aさん自身の母親との関係について話題にする。

　C．当該の子どもからの暴言・暴力に対する自身の感情を，スーパーヴァイザーに話す。

　D．スーパーヴァイザーに対する自身の感情にはできるだけ触れないようにする。

（組み合わせ）

a．A　C

b．A　D

c．B　C

d．B　D

e．C　D

事例問題

次の事例を読んで，**問題71**から**問題73**の設問に答えなさい。

【事例】

　Aさん（14歳，男子）は，中学校に入った頃から，女子生徒に声をかけて，いやがられてもつきまとい，背中やお尻，胸などを触るという行為を繰り返していた。先生に注意され，親も呼び出され，指導されたが，止まることはなかった。

　ある日，Aさんは，小学校低学年の女児に声をかけ，お尻を触ったことから，被害児童の保護者に通報され，警察に逮捕された。

　Aさんの両親は現在別居中で，Aさんは父親と暮らしているが，父親は仕事で不在がちのため，母親のところで過ごすことが多い。Aさんには母親と暮らしたい想いがあるが，母親からは経済的に苦しくて同居はできないと言われていた。

　Aさんには，軽度の知的障害があり，学年が上がるにつれて勉強についていくことができなくなっていた。Aさんは，「小学校の頃からいじめられてばかりで，友だちのいない自分はいつも一人ぼっちだけど，それでも頑張って登校していた」と言う。

問題71（事例問題）

　今後の手続きに関する次の記述の中から，<u>正しいもの</u>を一つ選びなさい。

a．14歳なので，まずは居住都道府県の家庭裁判所に送致される。

b．14歳なので，まずは居住地域の児童相談所で，アセスメントを受ける。

c．14歳なので，まずは保護者が警察に呼び出されて，捜査と指導を受ける。

d．14歳だが，性非行は重大事件なので，まずは少年鑑別所に送られる。

e．14歳だが，知的障害があるので，まずは障害児施設に入所となる。

問題72（事例問題）

　司法・矯正領域の臨床心理士との初回面接で，Aさんは女児に声をかけたことは認めたが，触ったことについては「覚えていない」「頭がぼーっとして思い出せない」「なんかわからないうちに，やっちゃった」と語った。

　この際の臨床心理士の対応に関する次の記述のうち，<u>適切なものの組み合わせ</u>を下のa〜eの中から一つ選びなさい。

A．思い出せないのは，何か認知的な欠陥あるいは脳の障害がある可能性を疑い，精神科医に照会する。

B．Aさんに面接の目的を説明し，正直に話すことによって，非行を改善し，自他の利につながることを伝える。

C．やったことを認めようとしないのは，反省していないということなので，保護者にも協力を求めて，指導を要請する。

D．一般的にどのような場面や状況で性非行が生じやすいかをAさんに説明し，あてはまるところがないか質問する。

　　（組み合わせ）
　　a．A　B
　　b．A　C
　　c．B　C
　　d．B　D
　　e．C　D

問題73（事例問題）

　初回面接が進むうち，Aさんは泣き出し，学校には友だちが一人もおらず，ずっといじめられてきたこと，両親が不仲で離婚するのではないかと心配なこと，中学校に入って勉強にまったくついていけなくなったことなどを大きな声で語った。

この際の臨床心理士の対応に関する次の記述のうち，<u>適切なものの組み合わせ</u>を下の a～e の中から一つ選びなさい。

A．学校や家庭でのつらかったことの話を傾聴し，共感を示す。
B．被害体験は，加害行動が許される理由にはならないことを伝える。
C．面接場面や日常生活での安全・安心を確保するように努める。
D．いじめ被害の体験に対するトラウマケアが必要である。

（組み合わせ）
a．A　B
b．A　C
c．B　C
d．B　D
e．C　D

事例問題
　次の事例を読んで，**問題82**から**問題83**の設問に答えなさい。

【事例】
　Aさん（大学1年生，女性）は，4月から一人暮らしを始めた。夏休みまでは，大学生活もアルバイトも多忙だが順調だった。しかし7月以降，子どもが夏休みになった同僚から，勤務交代をたびたび迫られ，早朝深夜の従業で生活リズムが乱れたうえに，人間関係にも行き詰まりを感じ始めた。9月以降も店長から勤務増を依頼され，後期授業の履修登録もままならなかった。後期の初回授業を欠席したAさんは，「もうダメ」という気持ちでリストカットをした。傷は浅かったが，アルバイトも休み，10日ほど自室にこもった後，なんとか学生相談室を訪れた。Aさんは幼い頃に年の離れた兄を事故で失い，実母はそれ以来うつ病を患い，両親のいる実家に帰っても休めない状況であった。
　学生相談室では，臨床心理士がAさんに対応した。暗い表情で元気がない様子のAさんは，申込票にリストカットをしたことを記入していた。

問題82（事例問題）

初回面接で臨床心理士は，自殺のリスク評価を行う必要性を感じた。

Aさんの自殺のリスク評価に関する次の記述のうち，適切なものの組み合わせを下のa～eの中から一つ選びなさい。

A．幼い頃の家族の死は，リスク要因として考えられる。

B．アルバイト先や大学での人間関係は，保護要因にもなる。

C．リストカットは，自殺に直結しないのでリスク要因ではない。

D．主なリスク要因を一覧表にそって，もれなく確認する。

（組み合わせ）

a．A　B

b．A　C

c．B　C

d．B　D

e．C　D

問題83（事例問題）

評価の結果，緊急入院が必要なほど高いリスクではないが，自殺の危険が認められるので，Aさんの家族や担当教員に連絡する必要があると臨床心理士は判断した。

この際の臨床心理士の対応に関する次の記述のうち，適切なものの組み合わせを下のa～eの中から一つ選びなさい。

A．自殺は生命に関することであるから，Aさんの許可を待たずに父親に連絡する。

B．Aさんと考えた自殺回避の安全（対処）計画を，父親と確認する。

C．父親から面接記録の開示を求められる可能性があるので，開示できるよう準備する。

D．父親には，自殺の危険徴候を具体的に伝える。

（組み合わせ）

a．A　B

b．A　C

c．B　C

d．B　D

e．C　D

事例問題

次の事例を読んで，**問題90**から**問題92**の設問に答えなさい。

【事例】

ある中学校の1年生が宿泊行事から学校に帰る途中，横断歩道を渡っていた生徒の列に信号を無視した車が突っ込み，複数の生徒が重傷を負って病院に搬送されるという事故が起こった。現場を目撃した生徒も多く，学校の管理責任下の事故であり，また生徒たちの動揺も危惧されたため，当該校の学校臨床心理士（スクールカウンセラー）に生徒の心のケアの依頼があった。

なお，事故については，当日夕方のニュースで大きく報道された。

問題90（事例問題）

学校の対応方針に関する次の記述のうち，<u>正しいものの組み合わせ</u>を下のa～eの中から一つ選びなさい。

A．校外での事故であるため，心のケアのための特別な支援は当該学年を対象とし，他学年は通常通り授業や部活動を行う。

B．怪我を負った生徒，現場を目撃した生徒，被害生徒と親しい関係にある生徒の心のケアは優先的に行う。

C．当該学年の生徒については，事故のショックもあるので，スケジュールで予定していた通り，翌日は休みとした。

D．被害生徒との関係にかかわらず，もともと不安定であった生徒や家庭でのサポートが困難であると思われる生徒は特別に配慮する。

（組み合わせ）

a．A　B
b．A　C
c．B　C
d．B　D
e．C　D

問題91（事例問題）

　学校臨床心理士は，管理職などと校内危機対応チームでの協議のうえ，生徒を対象とする心理教育を行うこととなった。

　事件・事故後の心理教育に関する次の記述のうち，<u>正しいものの組み合わせ</u>を下のa〜eの中から一つ選びなさい。

A．参加時の状態の観察から，動揺が大きくケアの優先順位の高い生徒を特定することは，心理教育の副次的な目的の一つである。
B．生徒がフラッシュバックを起こす可能性が危惧されるため，心理教育の場で事故の内容について触れることは望ましくない。
C．危機後の心理教育の構成要素の一つは，初期の大半の反応は危機という異常な事態への正常な反応であることを伝えることである。
D．危機に遭遇しての病的な反応や重篤な症状については，生徒の不安を喚起する可能性があるため，心理教育の場では説明しない。

（組み合わせ）

a．A　B
b．A　C
c．B　C
d．B　D
e．C　D

問題 92（事例問題）

　学校臨床心理士は，事故の３日後に，担任から生徒Ａさんへのカウンセリングを依頼された。Ａさんは，友人が重傷を負った場面を目撃し，不安定になっていた。

　Ａさんへの支援に関する次の記述のうち，<u>正しいものの組み合わせ</u>を下のａ～ｅの中から一つ選びなさい。

A．集中困難，寝つきの悪さなどのほか，重傷を負った友人を助けることができなかったという無力感・自責感をＡさんが感じているかどうかを確認した。

B．友人が重傷を負った現場を目撃したことは，PTSD の診断基準に該当するため，ただちに児童精神科を受診するように担任経由で保護者に助言した。

C．Ａさんの現時点での心身の不調は，事故直後の一般的な反応であると保障したうえで，身近な人への相談などの対処法を確認し，１週間後の来談を約束した。

D．Ａさんには継続的，長期的なカウンセリングが必要だと考えられるため，自身が臨床心理士として勤務する精神科クリニックへの来談を勧めることにした。

　　（組み合わせ）
　　ａ．A　B
　　ｂ．A　C
　　ｃ．B　C
　　ｄ．B　D
　　ｅ．C　D

問題94

　虐待による児童養護施設入所後の親子関係の再構築，家族再統合に関する次の記述のうち，<u>正しいものの組み合わせ</u>を下のa〜eから一つ選びなさい。

A．親子関係の再構築のためには，親の変化を促す必要があるため，まずは親のカウンセリングやトラウマケアなどに取り組む。

B．家族再統合とは，広義には親子関係のあり方の様々な変容や家族機能の改善・再生ととらえられる。

C．家族再統合に向けた支援方針や支援計画は，家庭裁判所，児童相談所，児童養護施設が協働して，作成することが望ましい。

D．家庭復帰前には，要保護児童対策地域協議会などを活用し，関係機関が協働して，個別ケース検討会議を開催する。

　（組み合わせ）

a．A　B

b．A　C

c．B　C

d．B　D

e．C　D

事例問題

　次の事例を読んで，**問題95**から**問題96**の設問に答えなさい。

【事例】

　小学2年生のAさんは，「6年生のBさんから，からだをさわられて，いやだ」と友だちに話した。そのことを友だちの保護者から聞いたAさんの保護者は，担任に相談した。保護者によると，Aさんは最近登校を嫌がることがあるとのことだった。

　担任は管理職と協議し，保護者に了解を得て，改めてAさんの話を聞くことになった。

問題 95（事例問題）

　管理職と担任は，Aさんから話を聞くにあたっての留意点を教えてほしいと学校臨床心理士（スクールカウンセラー）に助言を求めた。

　この際の学校臨床心理士による助言に関する次の記述の中から，最も適切なものを一つ選びなさい。

a．何があったか，なるべく詳しく話してもらえるようなオープンな質問をするのがよい，と助言する。

b．はい，いいえで答えられる質問をするのがよい，と助言する。

c．性被害がわかれば，それ以上詳しく聞かないようにするのがよい，と助言する。

d．AさんとBさんを同室で同じ時間に，それぞれの担任が話を聞くようにするのがよい，と助言する。

e．Aさんにとって安心できる保護者から話を聞くのがよい，と助言する。

問題 96（事例問題）

　担任の依頼で学校臨床心理士が保護者の面接を担当することになった。Aさんは体操服を着ているときに被害にあっており，体育のある日に登校を嫌がっているとのことだった。

　この際の学校臨床心理士の対応に関する次の記述のうち，適切なものの組み合わせを下のa～eの中から一つ選びなさい。

A．「体操服」がトラウマ記憶のトリガーである可能性を伝える。

B．Aさんの被害の内容を詳しく聴き，保護者の想いに寄り添う。

C．Aさんの反応はトラウマ体験後の正常な反応と伝え，1カ月後の面接を提案する。

D．保護者と担任がAさんの1週間の様子を情報交換する方法を提案する。

（組み合わせ）

a．A　　B

b．A　　C

c．A　　D

d．B　　C

e．C　　D

IV

資格試験問題の

正答と解説

　令和5年度（2023）出題のマークシート試験問題100題のうち40題を公開します。本章（Ⅳ）ではその正答と解説を示します。これらの出題に際しての基本方針は，従前の試験問題と同様になります。

　⑴　臨床心理士として必要と考えられる基礎的な心理学の知識と実践に役立つ生きた臨床心理学の知識を，受験者が身に付けているかどうかを確認できる問題作成に努力しました。

　⑵　上記に示唆する基本方針の具体化として，事例問題の占める割合は100題の内30題を超える傾向にあります。査定，面接，地域援助，倫理などのさまざまな観点からの出題内容となります。

　　一方，重箱の隅をつつくような知識を問う問題，難問奇問の類の除外につとめています。

1. 令和5年度試験問題の正答と解説

問題1……正答 c

Freud, S. は，神経症の治療を通して精神分析を創始し，今日のカウンセリングの理論や技法の重要な基盤を作ることで臨床心理学の発展に寄与した。Freudとその後の発展を担った人物や業績についての理解は，臨床心理士として知っておくべき基礎的な知識である。

- A　Charcot, J. -M.。1885年にパリに留学した Freud は，サルペトリエール病院で神経症の催眠療法を行っていた Charcot の講義に感銘を受けて師事した。
- B　神経症。Freud は，Charcot の下で神経症の催眠療法を学んだのち，ヒステリー神経症の症状の解明に力を注ぎ，自由連想法を用いた治療方法や神経症論を創案した。
- C　Horney, K.。Horney は新フロイト派の精神分析医であり，その理論の中核には基底不安の概念がある。基底不安とは，神経症者が抱く葛藤の根底には，幼児期における孤独感や無力感に起源をもつものであり，これを回避しようとして神経症的性格構造（自己拡大的，自己否定的，自己限定的）が発展するため，このような疎外された自己から「真の自己」を取り戻すことを精神分析療法の目標とした。
- D　Fromm, E.。Fromm は，フランクフルト社会学研究所に所属し，マルクスの影響を大きく受け，独自の社会主義的ヒューマニズムの立場から，人間を社会的存在であるとして，社会的な基礎の上に精神分析理論を据えようとした。

以上の理由から，

a，b，d，e は誤りで，正答は　c　となる。

問題4……正答 d

心理統計における信頼性と妥当性についての知識は，臨床心理士が心理検査や

尺度を用いて行う心理査定の質を高め，クライエントの状況を正確に把握するための重要なステップとなる。信頼性と妥当性について正しく理解していることが大切である。

A　信頼性。信頼性とは，測定ツールや手法の精度や安定性を表す指標であり，同一の個人に対して同一の条件のもとで同一のテストを繰り返し実施したとき，得られる結果がどの程度一致するかを示す。

B　クロンバックのα係数。α係数は，測定ツールの信頼性を評価する指標の一つで，複数の質問項目があるテストの場合，その項目間での一貫性（内的一貫性・内的整合性）を評価するために用いられる方法であり，クロンバックによって導出された。

C　妥当性。妥当性とは，測定ツールや手法が本来測定すべきものを正確に測定しているかどうかを表す指標である。妥当性が高い測定ツールや手法は，実際に測定しようとする現象や概念と密接に関連しており，正確な結果を得ることができるため，より優れた測定ツールや手法とされる。

D　併存的妥当性。併存的妥当性とは，ある測定方法が，同時に行われた他の測定方法と高い相関を示すことによって，その測定方法の妥当性を評価する指標である。

以上の理由から，

a，b，c，eは誤りで，正答は　d　となる。

問題5……正答d

限局性学習症／限局性学習障害は，さまざまな臨床場面で臨床心理士が出会う可能性のある神経発達症である。特に学校臨床心理士は，限局性学習症の早期発見と適切な支援，教員へのコンサルテーション的支援，生徒や保護者への情報提供，支援的学校体制の構築などの役割を期待されており，その症状の基礎的な理解は必須である。

A　誤り（×）。限局性学習症は，読み書きや算数などの学習や学業的技能の使用に困難があり，その困難を対象とした支援が継続しているにもかかわらず，症状が持続する状態を指す。一般的な知能や生活環境などの要因を除外した上で，学習に関する問題が確認された場合に診断される。言語やコミュ

ニケーションの社会的使用において，基礎的な困難さがあることを特徴とするのは，社会的コミュニケーション症／社会的コミュニケーション障害の主症状であり，誤りである。

B　正しい（○）。DSM-5 において，診断基準として，「学習や学業的技能の使用に困難があり，その困難を対象とした介入が提供されているにもかかわらず，症状の少なくとも一つが存在し，少なくとも 6 カ月間持続していることで明らかになる」と示されている。

C　誤り（×）。限局性学習症の重症度は，支援を必要とする学業領域の範囲とその調整または支援の必要性の程度によって軽度・中等度・重度に分類される。IQ によって判断されるのではない。

D　正しい（○）。症状の一つとして，数学的推論の困難さ（定量的問題を解くために数学的概念，数学的事実，または数学的方法を適用することが非常に困難である）があげられている。

以上の理由から，

a，b，c，e は誤りで，正答は　d　となる。

問題 6……正答 a

人の発達における環境と個人の相互作用を理解することは，人格形成や，健全な発達への支援，困難な状況にある人への介入等について考えるために重要である。子どもは環境との相互作用の中で発達し，人格が形成される。遺伝的な特徴をもっていても，環境により，その特徴を強く発現する場合も，発現しないこともあり得る。そのような知見を学ぶことで，養育環境の子どもの発達への影響を理解することができ，それをふまえて，発達支援や，家庭や学校の環境の理解とその介入に役立てることができる。

A　正しい（○）。Bronfenbrenner, U. は，個人が直接相互作用するマイクロシステムや，個人が直接に関わらない，家族の職場，社会の文化的側面などのマクロシステム，時間的な側面を含むクロノシステムなどの概念を用いた生態学的システム理論を唱えた。

B　正しい（○）。Bandura, A. は，学習者自身が直接経験していなくても，他者の行動とその結果を手本として観察することにより，新たな行動を習得

するという社会的学習理論を提唱した。

C　誤り（×）。目的を達成するために試行錯誤を繰り返して学習をするという試行錯誤学習の概念を提唱したのは，Thorndike, E. L. である。Watson, J. B. は，行動主義の創始者であり，客観的に観察できる刺激と反応の関連を明らかにしようとした。

D　誤り（×）。環境の影響を受け，それに応じて各発達段階に達成する課題があるという漸成的発達理論を構築したのは，Erikson, E. H. である。Piajet, J. は，子どもは物的環境との相互交渉を通して，シェマ（概念）を作り上げ，自分の既知のシェマから理解しようとする「同化」と，それがうまくいかない場合に自分のシェマを変化させる「調節」を繰り返しながら，新しいシェマを獲得するという発達理論を提唱した。

以上の理由から，

b，c，d，eは誤りで，正答は　a　となる。

問題9……正答 a

臨床心理学の研究知見を学ぶ上でも，自身が研究を行う上でも，統計に関する知識は必須である。特に近年は臨床における実証的エビデンスをめぐる議論への関心は高く，その重要性は増している。この問題は，統計の初歩的な知識を問うものであり，ノンパラメトリック検定や平均値の差の検定法など，基礎的な分析方法の理解を問うものである。さまざまな報告書や研究論文から知識を得るためにも，研究を行う上でも身に着けておくべき知識であるといえよう。

a　正しい（○）。カイ二乗検定は，2×2クロス集計表の形で集約できるデータの比率の偏りについて検討をする方法であり，本問題のような，2つの町の「いる」と回答した者の比率を検討する場合に適切な方法である。

b　誤り（×）。t 検定は，2つの平均値の差の検定に用いる方法である。本問題のデータは2つの町の回答者の人数であり，平均値を算出できる性質のものではないため，誤りである。

c　誤り（×）。符号検定は，ノンパラメトリック検定の一つで，対応のある2変数間の数値の大小の比較から検定を行う方法である。本問題のデータは，対応のないデータであり，また大小を比較することもできないため，この検

定を用いることは適切ではない。

d　誤り（×）。Mann-Whitney' U 検定は，ノンパラメトリック検定の一つであり，対応のない2条件の中央値を比較する分析法である。本問題のデータは，中央値を算出できないデータであるため，Mann-Whitney' U 検定を行うことはできない。

e　誤り（×）。分散分析は，実験や調査等のために設定された要因の水準間での平均値の差の検定をするときに用いられる手法である。本問題のデータは，2つの要因を設定したものではなく，また平均値や分散が算出できないものであり，誤りである。

以上の理由から，

b，c，d，eは誤りで，正答は　a　となる。

問題13……正答d

対人認知の中でも印象形成および対人魅力に関する問いである。他者に対してどのように印象が形成されるのか，他者に対する好意の形成に影響する要因とは何かを理解することは，クライエントの他者に対する認知や態度を理解する上で役立つだけでなく，臨床心理士自身の対人認知を理解することにも有益である。

A　誤り（×）。繰り返し接触することでその対象への好意度が高まることは単純接触効果である。

B　正しい（○）。相手の態度や性格傾向，価値観を自分と似ていると認識することが好意度に結びつきやすいとされており，実際に似ているかどうかよりも，似ていると認識することが好意度と結びつきやすいことが明らかにされている。

C　誤り（×）。自分に魅力を感じてくれる人に対して好ましい感情を抱きやすいことは，魅力の返報性である。魅力の類似性とは，他者の態度やパーソナリティが自分と似ていると感じることであり，誤りである。

D　正しい（○）。Asch, S. E. の実験により，情報が与えられる順番によって形成される印象が異なることが示されている。初めの情報が最終的に形成される印象に大きな影響を及ぼすことを初頭効果といい，終わりの情報が印象を左右することを新近性効果（recency effect）という。

以上の理由から,

　a，b，c，eは誤りで，正答は　d　となる。

問題17……正答 c

　臨床心理士として医療福祉領域で活動するときや，医療福祉領域以外の分野で心理面接をしているクライエントが精神科医療機関に通院して投薬治療を受けている場合に，精神科治療薬に関する基礎知識を理解しておくことが求められる。本問題は，抗うつ薬に関して，最低限知っておくべき，基本的な理解を確認するものである。

　A　誤り（×）。ベンゾジアゼピン受容体に作用するのは抗不安薬であり，抗うつ薬ではない。多くの抗うつ薬は，セロトニンやノルアドレナリンのトランスポーター（再取り込み）阻害によって効果が発現するとされている。

　B　正しい（○）。抗うつ薬の投与早期や増量時に，副作用としてアクチベーション症候群と呼ばれる不安，焦燥，不眠，易刺激性を呈することがあるので，注意が必要である。急激な増量はせずに，ベンゾジアゼピン受容体作動性抗不安薬の併用や頓服が望ましいとされている。

　C　正しい（○）。多くの抗うつ薬は，セロトニンやノルアドレナリンの再取り込みを阻害することで効果を発現する。アドレナリン α_2 受容体阻害によりセロトニンとノルアドレナリンの放出を促進することで効果を発揮する抗うつ薬もある。

　D　誤り（×）。耐性が生じ，漫然と投与すると以前と同量では効果がみられなくなるのは抗不安薬であり，抗うつ薬ではそのような副作用はみられない。抗うつ薬の副作用には，口渇，便秘，かすみ目，起立性低血圧などがある。

　以上の理由から,

　a，b，d，eは誤りで，正答は　c　となる。

問題18……正答 e

　科学的心理学の誕生とその発展についての問題である。19世紀，アメリカでは James, W. が心理学をはじめて科学的基礎の上におき，「意識の流れ」についての研究を発展させて「アメリカ心理学の父」と呼ばれた。同じ頃，ヨーロッパ

ではドイツを中心にしたゲシュタルト心理学が出現し，要素に還元するのではなく，全体観への模索の動きが見られるようになった。ゲシュタルト心理学の考え方は，その後，社会心理学や発達心理学などさまざまな分野の心理学の発展につながり，心理学の歴史を形成しており，そこに関わった研究者の理論を学ぶことは，臨床心理実践において，関わるクライエントやその背景を理解する上でも重要である。

A　誤り（×）。内省的観察を重視し，意識の流れという概念を提唱したのは，James, W. である。Hall, G. S. は，James, W. から指導を受け，アメリカの児童研究運動に影響を及ぼした。

B　誤り（×）。Thorndike, E. L. は，猫の問題箱実験の結果から，動物の学習は試行錯誤学習であると主張した。チンパンジーや犬の問題解決行動を研究し，失敗の積み重ねではなく，解決法を突然身に着けることを報告し，その能力を洞察と呼んだのは，Köhler, W. である。

C　正しい（○）。Lewin, K. は，ゲシュタルト心理学者の一人であるが，小集団研究に場の理論を応用し，個人の変化が全体としての集団に及ぶとともに，集団の変化が個人に及ぶという力動的過程を想定する，グループダイナミクスを提唱した。

D　正しい（○）。Wertheimer, M. は，ゲシュタルト心理学の立場から，仮現運動の研究を行った。仮現運動とは，ストロボスコープの静止画が継時的に提示されることで運動が見えることであり，刺激要素と感覚要素の 1 対 1 対応の加算からは説明できない現象を明らかにした。

以上の理由から，

a，b，c，d は誤りで，正答は　e　となる。

問題 23……正答 c

描画法は投映法の中では最も多く用いられる技法の一つであり，多様な種類がある。HTPP テスト，風景構成法，S-HTP 法，バウムテストは比較的よく用いられる技法であり，その基本的な技法の特徴，実施法，解釈法について問うものである。

A　誤り（×）。HTPP テストは，家，木，人，反対の性の人を別々の用紙に

描かせる方法である。人物画（人）については人を描いてもらった後で，その描画が男性か女性かを尋ね，最初の人物画とは反対の性の人物を描いてもらう。

B　正しい（○）。中井久夫により創案された風景構成法は，10個の要素（アイテム）を決まった順序で枠付けされた画用紙に描いてもらう方法である。風景構成法で提示される要素（アイテム）は，「川」「山」「田」「道」「家」「木」「人」「花」「動物」「石あるいは岩」の10項目であり，その後「足りないと思うもの，追加したいと思いもの」があれば描き加える。

C　正しい（○）。S-HTP法（統合型HTP法）は，「家と木と人を入れて，何でも好きな絵を描いてください」と教示する。項目相互間の関連付けを見るところに特徴がある。

D　誤り（×）。バウムテストの解釈は，①全体的評価，②形式分析，③内容分析の過程があると考えられているが，これらの側面はお互いに関連しあっているので，この3つの過程を統合することが有益とされている。Koch, K.は，解釈の際，最初に木を全体として眺め，第一印象を重視する姿勢で臨み，全体の評価を与えることが出発点であるという考え方を強調している。

以上の理由から，

a，b，d，eは誤りで，正答は　c　となる。

問題 26……正答 e

近年臨床現場で出会う機会の多い発達障害，その中でも特に自閉スペクトラム症，注意欠如・多動症の症状評価に主眼を置いた検査について問うものである。発達障害や発達に関する諸問題を適切にアセスメントするためには，臨床心理士はこれらの症状評価やテスト・バッテリーに関する知識を備えておく必要がある。それぞれのアセスメントツールについて，対象が幼児・児童・成人であるのか，どのようなことをどのような手法により測定しているのかについて問うている。

a　誤り（×）。CAADID（Conners' Adult ADHD Diagnostic Interview for DSM-Ⅳ）は，成人にみられる注意・欠如多動症（attention-deficit/hyperactivity disorder：ADHD）関連の症状を診断するための面接評価ツールである。自閉スペクトラム症の症状を評価するものではない。

b　誤り（×）。PARS-TR（Parent-interview ASD Rating Scale-Text Revision）は，3 歳以上の自閉症スペクトラム障害特性を把握するための，養育者を対象に半構造化面接を行うものである。児童の注意欠如・多動症の症状を評価するものではない。

c　誤り（×）。ADOS-2（Autism Diagnostic Observation Schedule Second Edition）は，自閉症スペクトラム症の疑いのある 12 カ月の幼児から成人までを対象として，専門家の行動観察により評定するものである。しかし，成人の限局性学習症の症状を評価するものではない。

d　誤り（×）。CARS（Childhood Autistic Rating Scale）は，自閉症スペクトラム症の疑いのある幼児や児童を対象として，専門家による行動観察もしくは養育者からの聞き取り調査をもとに評定するものである。児童の限局性学習症の症状を評価するものではない。

e　正しい（○）。CAARS（Conners' Adult ADHD Rating Scales）は，成人の注意欠如・多動症に関連する症状や行動を評価するための尺度である。

以上の理由から，

a，b，c，dは誤りで，正答は　e　となる。

問題 27……正答 b

防衛機制は，人が社会に適応してゆくためには必要なものであるが，それが強すぎる場合や不全な状態であると不適応や病的な状態に至る。クライエントがどのような防衛機制を用いているのかを捉えることはアセスメントでは重要なことである。ここでは防衛機制の基本を問うている。

A　正しい（○）。神経症水準の高度な防衛機制である反動形成が機能するためには，受け入れがたい欲動や衝動の抑圧防衛がある程度機能することが前提条件となる。したがって，知性化や反動形成などの神経症水準の防衛機制においては，受け入れがたい欲動や衝動の抑圧が同時に生じているといえる。

B　誤り（×）。原始的防衛機制として考えられるものとしては，分裂，取り入れ，投影，投影性同一視，脱価値化，理想化，抑うつ的不安に対する躁的防衛などがあげられる。

C　正しい（○）。昇華は，社会適応的に働いている機制であり，成果に高低

があったとしても防衛として成功しているものが昇華と位置付けられる。昇華とは，芸術や創作などの特定の知的創造活動が想定されやすいが，より一般的な社会活動にも寄与する機制と考えられている。

D　誤り（×）。愛他主義は Freud, S. ではなく，Freud, A. が提唱したものである。また，攻撃者への同一化は自分を傷つけた人に同一化する（取り入れる）ことであり，Ferenczi, S. が最初に用い，Freud, A. が発展させた。これは個人の対処能力を超えた被害を受けたときに人が行う防衛機制の一つであり，虐待を受けた子どもにもよくみられる。

以上の理由から，

a，c，d，e は誤りで，正答は　b　となる。

問題 28……正答 b

ウエクスラー式知能検査（WISC，WAIS など）は，医療・教育・福祉・司法などで使用頻度がきわめて高い検査である。この検査では全検査 IQ だけでなく，5 つの指標得点ないし 4 つの合成得点が重要な指標として用いられる。本問はWISC-Ⅳ の結果において 4 つの合成得点から被検者のどのような側面が推測できるかを問うものである。

A　正しい（○）。A さんの VCI（言語理解）の合成得点は 101 であり，これは同年齢の子どもと同程度に，言葉を使って考えることや推理することができることを示している。

B　誤り（×）。A さんの PRI（知覚推理）の合成得点は 80 であり，提示される視覚情報の読み取りや理解に関する力は，年齢相応よりもやや低いことが示されている。

C　正しい（○）。A さんの WMI（ワーキングメモリー）の合成得点は 103であり，平均的である。しかし，下位検査の評価点でみると数唱＝13 と高く，順唱＝15 の方が逆唱＝5 よりもずっと高い。したがって，提示される聴覚情報を単純に記憶する力は，優れているといえる。

D　誤り（×）。複数の情報を同時に処理したり，順序立てて処理したりする能力を反映するのは WMI（ワーキングメモリー）である。A さんの WMIの合成得点は 103 であり，平均的である。また，やや複雑な情報処理課題で

ある語音整列の評価点は8だが，比較的並べ換えの少ないものは答えられるが，並べ換えの多いものは失敗している。したがって，複数の情報を同時に認識し，それらを統合する力は，優れているとはいえない。

以上の理由から，

a，c，d，eは誤りで，正答は　b　となる。

問題29……正答a

P-Fスタディの基本的な理論やその解釈の原則を理解しているかどうかを問うものである。GCRやU，各因子の高低からAさんの心の中の動きを適切に読み取ることが臨床心理士には求められる。

A　正しい（○）。AさんのGCRは56％と標準的であり，これは欲求不満状況で一般的な対応はできることを示している。しかし，無記入・場面の誤認・簡単すぎる・あいまいで意味が多義的な反応であるU（unscorable）が3とやや多い。これは時々状況や場面の判断を大きく見誤ることを示唆している。

B　正しい（○）。AさんのE'は平均＋SDを上回っており，これは不快や不満を表明することを示している。また，M，e，mは平均－SDを下回っており，相手を受け入れたり問題解決を他者に求めたりする傾向は低いことを示している。他者への援助要請は苦手であるといえる。

C　誤り（×）。AさんのEは平均－SDを下回っており，これは相手に対する直接的な攻撃的・主張的な反応が少ないことを示している。他者に欲求不満の原因を帰属し，直接的に攻撃することは少ないことを示している。

D　誤り（×）。AさんのM'は平均－SDを下回っており，これはフラストレーションに対して軽視しようとする傾向は強くないことを示している。またiとI'は平均±SD内であり，欲求不満状況について，自ら積極的に問題解決しようという傾向は平均域であり，低いとはいえない。欲求不満状況について，仕方がないとあきらめることが多いとはいえない。

以上の理由から，

b，c，d，eは誤りで，正答は　a　となる。

問題 30……正答 a

　複数のテスト・バッテリーによる臨床心理アセスメントの結果から担任の教員にどのようにコンサルテーションを行うかを問う問題である。WISC-Ⅳと P-F スタディの結果から，どのようなクライエントの特徴が理解できるか，その特徴をどのように担任に伝えることが有効かを問うている。臨床心理学的地域援助（コミュニティ支援）の方法として，コンサルテーションにおいては，具体的・現実的であり担任としてすぐに取り掛かることができるような内容を伝えることが重要である。

　A　正しい（○）。Aさんの P-F スタディでは，I は平均＋SD を上回っているので，フラストレーションの原因が自分にあることを認める反応が多く，自罰の傾向が強いといえる。「基本的に，自己評価が低く，Aさんを指導する際には，先生の言葉を自罰的に受け取るかもしれない」といえる。

　B　正しい（○）。Aさんの WISC-Ⅳの VCI（言語理解）の合成得点は 101 であるので，「他者の話を聞き理解する力は平均的」である。しかし，Aさんの WMI（ワーキングメモリー）の合成得点は 103 と平均的であるが，複数の情報を同時に認識し，それらを統合する力は，優れているとはいえない。また，P-F スタディにおいて U 反応が 3 あることから，これは時々状況や場面の判断を大きく見誤ることを示唆している。「一度にたくさんの情報を伝えると混乱する」といえる。

　C　誤り（×）。Aさんの WISC-Ⅳの PRI（知覚統合）＝80 であり，空間処理や絵や図形を認知する能力は高いといえない。また，PSI（処理速度）＝81 であり，単調な作業を効率的にすすめる能力も高いとはいえない。「Aさんが得意な工作や時間内で早く行う計算課題」は誤りである。

　D　誤り（×）。Aさんの P-F スタディの i は平均±SD 内であり，これは自ら積極的に問題解決しようという反応が平均的な程度であることを示している。「Aさんがイライラする原因は，自分ひとりで問題解決をし過ぎる点にある」というのは誤りである。

　以上の理由から，

　b，c，d，e は誤りで，正答は　a　となる。

問題 34……正答 e

MMPI は臨床心理士として使いこなすことが求められる基本的な心理検査の一つであり，各尺度やプロフィールのパターンの意味を知っておくことは，臨床心理士として必要である。本問は MMPI のプロフィールの解釈を問う問題である。

A　誤り（×）。心理的な問題が身体症状に現れやすいことを示すプロフィールは Hs と Hy が高く，D が低い「転換の V」であるが，このプロフィールは Hs，Hy ともに低く，身体的な不調を感じていないことが示唆される。

B　誤り（×）。受動的攻撃性を示すプロフィールは，女性の場合は Pd と Pa が高く，Mf が低い傾向がある。今回の被検者は男性であり，Mf が低いことはむしろ男性的な傾向が高いことを示しており，受動的攻撃性が高いことには当てはまらない。

C　正しい（○）。妥当性尺度において，L と K が低く，F が高いプロフィールは「援助を求める叫び」とも言われており，心理的苦痛を強く感じており，内心では援助を求めていることが示唆される。

D　正しい（○）。臨床尺度において，Pd，Pa，Sc が高く，46 コードを示している。このようなプロフィールは，他からの非難に過敏で怒りっぽく，猜疑的であることが示唆される。

以上の理由から，

a，b，c，d は誤りで，正答は　e　となる。

問題 36……正答 d

投映法の心理検査の中でも，ロールシャッハ・テストは医療分野をはじめとするさまざまな領域で広く用いられる重要な検査の一つである。ロールシャッハ・テストの結果を適切に解釈するにあたり，主要な指標が示す意味を理解することが必要である。本問では，解釈を行う上で中心的な手がかりとして使われる指標について，その指標の適切な理解ができているかを問うものである。

A　誤り（×）。動物運動反応（FM）は意識の周辺部で生じる欲求体験（包括システム）や生理的欲求に関連した観念活動（片口法）に関連する指標である。概念的思考や空想に関わる指標は人間運動反応（M）の解釈である。

B　正しい（○）。無彩色反応（FC′，CF′，C′）は感情の抑制（包括システム）に関連した指標であり，抑うつ的な感情体験の強さ（片口法）との関連が指摘されている。

C　誤り（×）。体験型が運動反応優位の内向型の人は，問題解決や意思決定の際に感情を脇において熟考する（包括システム）または物事を深く考え内面的に理解する（片口法）傾向を示す。行動に基づく意思決定を行うのは外拡型の特徴である。

D　正しい（○）。形態水準はブロットの形態を適正に使用して反応を産出しているかどうかの基準となる指標であり，現実検討機能の働き方と関連している。形態水準の良くない反応が多く認められる場合には，現実検討の低下が疑われる。

以上の理由から，

a，b，c，eは誤りで，正答は　d　となる。

問題40……正答a

　認知症は臨床心理士が高齢者臨床の場で遭遇することが多く，認知症について基礎的な知識を理解しておくことは必須である。本問は認知症の代表的な類型である，アルツハイマー型，脳血管型，レビー小体型，前頭側頭型の分類と特徴を正しく理解しているかを問うている。認知症の各類型の分類と特徴を正しく理解していることは，より適切なアセスメントにつながる。

a　正しい（○）。日にちや今いる場所といった見当識の低下は，アルツハイマー型認知症以外でも生じうるが，アルツハイマー型認知症では中核症状の一つである。

b　誤り（×）。パターン化された行動（常同行動）や発言（常同言語）が繰り返し生じるのは，主に前頭葉型認知症の特徴である。このような特徴は，アルツハイマー型認知症などとの鑑別に重要な症状である。

c　誤り（×）。鮮明で生々しい幻視が生じるのはレビー小体型認知症の特徴である。幻視はアルツハイマー型認知症でもまったく生じないわけではないが，まれである。

d　誤り（×）。アルツハイマー型認知症は，エピソードを丸ごと忘れてしま

うことが特徴として指摘されている。脳血管型認知症はいわゆるまだらぼけのような状態が多いといわれ，少し時間をかけると想起できたり，ヒントによって想起できたりすることがある。

e　誤り（×）。動作の緩慢さや筋固縮といった身体症状が生じるのはレビー小体型認知症に目立つことが多いとされている。アルツハイマー型認知症では，運動などの身体面が比較的維持されやすいとされている。

以上の理由から，

b，c，d，eは誤りで，正答は　a　となる。

問題41……正答 e

認知症の可能性のあるクライエントに対して，適切な心理検査バッテリーを選択する問いである。認知症が疑われる高齢者のクライエントには，認知機能の程度，現在の心身状態，発揮できるエネルギーなども考慮して，実施すべき心理検査を決定しなくてはならない。また，設問にある通り，心理検査の選択を他職種から相談される場合もあるため，各検査の特徴を十分に理解しておく必要がある。

A　誤り（×）。CDR（Clinical Dementia Rating）は認知症の重症度評価で用いるが，クライエント本人に受検してもらうものではなく，心理検査への協力が得られない場合などに，本人や家族との面接をもとに専門家側が用いる「観察法」である。Aさんに適切な検査とはいえない。

B　誤り（×）。WCST（Wisconsin Card Sorting Test）は遂行機能障害の程度を測る代表的な検査であり，高次脳機能障害・前頭葉機能障害の評価に用いられるものである。Aさんには，ADAS-cog.とGDSの方が優先順位が高い。

C　正しい（○）。ADAS-cog.（Alzheimer's Disease Assessment Scale-cognitive subscale）はアルツハイマー型認知症やその前駆症状のMCIの認知機能障害を評価するものであり，アルツハイマー型認知症の診断や病状の変化を把握する目的で用いられるものである。Aさんには適切な検査である。

D　正しい（○）。GDS（Geriatric Depression Scale）は老年期うつの検査であり，55歳以上が適用年齢である。この検査は高齢者のうつのスクリーニング検査として最もよく使用されている検査であり，Aさんに適切な検査である。

以上の理由から，

ａ，ｂ，ｃ，ｄは誤りで，正答は　ｅ　となる。

問題 42……正答 c

心理検査のフィードバック場面における臨床心理士の望ましい対応，結果に対する適切な考え方を尋ねる問いである。

ａ　誤り（×）。Ａさんは記憶機能の低下により，検査場面のエピソードを忘れてしまう可能性は否定できないが，その体験で得られた感情，場所に対するイメージは残るおそれがある。また，検査導入の説明が不十分になることは，病気の有無にかかわらず，クライエントをできる限り尊重する臨床心理士の姿勢に反する。よって，クライエントの不安を高めずに理解できる範囲の説明を行い，受検の同意を得るべきである。

ｂ　誤り（×）。カットオフ得点で分類して理解することも大切であるが，同時に下位検査のどの問いで正答・失点しているかを確認し，クライエントの認知機能の状態を考えていくことが求められる。また，認知症では型によって，得点低下が予測される下位検査が異なるため，その点も確認すべきである。

ｃ　正しい（○）。検査終了後には，検査場面でできなかったことにおける落ち込みを避けるために，労をねぎらい，質問を受ける，場面を切り替えるような話題へと徐々に転換するなど，臨床心理士としての配慮が必要である。

ｄ　誤り（×）。Ａさんは HDS-R の低下は認められているものの，自身でやりとりが可能である。臨床心理士は可能な限り，Ａさん本人に語りかけ，クライエントの緊張が緩和できるようにする。検査場面で，同席している家族からのことばかけやプレッシャーがある際には，退室してもらう場合もある。

ｅ　誤り（×）。検査結果を丁寧にフィードバックしようとする姿勢は大切であるが，クライエントの状況を考慮して簡潔に情報を提示し，わかりやすく説明する。

以上の理由から，

ａ，ｂ，ｄ，ｅは誤りで，正答は　ｃ　となる。

問題 47……正答 d

　ロールシャッハ・テストにおいて感情体験や対人関係，ストレスについてアセスメントする際の指標に関する問題である。いずれもロールシャッハ・テストを解釈する際の主要な指標の基本的な考え方を問うている。

a　誤り（×）。包括システムで WSumC＝5.0，Afr＝0.52，片口法で ΣC＝5.0，Ⅷ Ⅸ Ⅹ／R＝0.34 と情緒的な刺激に対する反応性がある程度あり，回避的とはいえない。

b　誤り（×）。体験型は，包括システムでも片口法でも 4：5.0 であり，どちらかというと外拡性のほうが強く，内向型とは言えない。包括システムでは不定型，片口法では両向型であり，あまりよく考えないで行動してしまう側面があるといえる。

c　誤り（×）。感情の統制を示す FC：CF＋C は包括システムでも片口法でも 2：3.0 であり，PureC も 2 ある。どちらかというと感情をうまく調節することができず，衝動的に発散してしまうことがあるといえる。

d　正しい（○）。抱えているストレスや内的緊張を示唆する m が包括システムでも片口法でも 3 あるので，ストレスを抱えており，緊張が高まっている状態といえる。

e　誤り（×）。物事を複雑に見るか単純に見るかの指標は，包括システムでは L＝2.42 であり，片口法では F％＝71％である。いずれの数値とも高く，これは物事を単純に捉える人物であることを示している。

　以上の理由から，

　a，b，c，e は誤りで，正答は　d　となる。

問題 51……正答 e

　事故の目撃者の心理状態をアセスメントし，初期の心理社会的援助に関する問題である。深刻な危機的出来事に見舞われた人に対して実施する，人道的，支持的，かつ実際的な支援の基本として広く知られている，「心理的応急措置（サイコロジカル・ファーストエイド）」については，臨床心理士として常に心に留め，目の前の支援を要する方々に対応することが期待される。

a　誤り（×）。出来事に対する感情表出を促すと，かえって回復を遅らせか

ねないことから，心理的デブリーフィングに関しては注意が必要である。まずは相手が話した言葉と気持ちを受け止め，安心感が得られるように対応することが大切である。

b　誤り（×）。支援者の率直な自己開示と捉えられるが，生死に関する価値評価は控えるべきである。

c　誤り（×）。Aさんに過失や責任があったかのような発言にも受け取れ，二次被害のリスクにつながる内容である。

d　誤り（×）。まだ十分に信頼関係が築けていない中でのこうした発言は，回復への負担をかける可能性がある。

e　正しい（〇）。心身に生じている反応は出来事を体験したことによる正常な反応である。このことが子どもに理解されることで，回復への意欲と希望をもつことが可能になる。

以上の理由から，

a，b，c，dは誤りで，正答は　e　となる。

問題 52……正答 e

子どものことを主訴に来談したにもかかわらず，面接で子どものことに触れずに母親自身の話に終始する場面での対応に関する問題である。自分のことばかり語る保護者に接すると，子ども理解に向けた語りを促したくなる。しかし，それこそが，現在のその親の，あるいは親の置かれている状況の特徴と捉えることができる。したがって，無理に矯正することよりも，その人の内的な動きに沿っていくことが臨床心理士として優先すべきことと言える。さらに，本事例では，自分の家族が深刻な危機的出来事に遭遇したことによって，母親も心理的な動揺を体験していることの影響を考慮しての対応となる点にも留意したい。

A　誤り（×）。母親の抵抗感を高める恐れがあるので，しばらくは話題を限定せず，自然な語りに任せたい。

B　誤り（×）。危機的な出来事を直接・間接に経験した人は大なり小なり心に傷を負うが，ほとんどの急性反応は了解可能なものである。トラウマへの対処が必要な者として母親を扱うことは，母親を病理化することにもつながりかねないので，現段階では早計である。

C　正しい（○）。ここでは，母親の自然な語りを尊重しつつ，子どもの生活
状況や，家族力動の理解に資する情報を収集し，それらが現在の子どもの言
動と関連する可能性を検討していくのが第一選択である。

D．正しい（○）。何回もの面接において夫婦関係の話に終始する際には，母
親自身の面接に対するニーズを確認し，面接のもち方について話し合うこと
が必要である。その内容によっては，他の相談機関への紹介を行うことも検
討する。

以上の理由から，

a，b，c，dは誤りで，正答は　e　となる。

問題 53……正答 d

遊戯療法における子どもの表現の受容と制限に関する問題である。本事例で
は，単回性の危機的な出来事による心理的な影響を受けていると考えられる子ど
もの遊びが問われている点に特徴をもつが，臨床心理士として心理的な支えを提
供しながら子どもの遊びにかかわるという基本を揺るぎなくもつことの大切さを
変える必要はない。

a　誤り（×）。遊戯療法の目的は子どもが楽しく遊ぶことではなく，子ども
が主体的に取り組む遊びを尊重し，その遊びの心理的な意味を検討すること
にある。

b　誤り（×）。プレイルームの中での遊びの中に攻撃性がみられたとしても，
それがそのまま日常の現実場面にまで持ち出されると考えるのは早計にすぎ
る。この子どもの体験に照らして理解可能なので，自分の限界が許す範囲で
受けとめていく。

c　誤り（×）。遊びは，多義的な意味合いや可能性をはらむイメージのレベ
ルでの象徴的表現を多く含むものである。また，現実とは一線を画している
からこそ，遊びの中でのびのびとイメージを広げていくことができるもので
ある。したがって，現実と直接的に結びつけるような解釈は遊びそのものを
壊す動きになりやすい。

d　正しい（○）。子どもが自身の経験した危機的出来事を遊びで象徴的に表
現することは，ポストトラウマティック・プレイと呼ばれる。ここで遊んで

いる際の子どもの様子や遊び方などに変化が生じているか，子どもが圧倒されていないかを丁寧に観察し，制止や介入の必要も含めて検討することが重要とされる。

e　誤り（×）。臨床心理士自身の限界を超えてまで遊びを受容しようとすることは，むしろ遊戯療法の安心・安全を脅かすおそれがある。制限を設けるかどうかの判断の中には，臨床心理士自身が遊びの状況を抱えうるかという限界への考慮も含める必要がある。

以上の理由から，

a，b，c，eは誤りで，正答は　d　となる。

問題 54……正答 a

臨床心理士にとって欠かすことができない重要な業務の一つである，面接記録に関する基本的な認識を問う問題である。実務的な視点，法的な視点だけでなく，倫理的な視点からも，記録をとること，開示する・しないこと，管理することについての基本を忘れずにもっていたい。

A　正しい（○）。クライエントから，面接の経過や心理査定結果などの情報開示を求められた場合には，原則としてそれに応じることになっている。

B　正しい（○）。面接等の業務内容については，その内容を客観的かつ正確に記録しておかなければならず，専門家としての業務を裏づける根拠資料となる。

C　誤り（×）。面接記録は，面接中の相互交流だけでなく，定刻に来たかどうかや待合室での様子，他のスタッフから気になる情報があれば，それらも記載しておく。

D　誤り（×）。クライエントが読むことを前提として，内容を吟味し記録する必要がある。

以上の理由から，

b，c，d，eは誤りで，正答は　a　となる。

問題 55……正答 c

精神分析学や分析心理学など，無意識と心理力動を基本仮説とする諸理論にお

いて，夢分析についての考え方は，それぞれの立場を理解する上で必須な知識であることから作成された問題である。

A　誤り（×）。Freud, S. の夢の作業は，心の中で潜在夢を顕在夢に置き換える作業のことを指すものであり，分析者が行う夢分析とは異なる。したがって，「顕在夢の内容から潜在夢を読み解く」のとは，作業として逆の方向である。

B　正しい（○）。Jung, C. G. は個人的なイメージのみならず，集合的イメージの重要性を指摘し，夢に登場したイメージに類似した主題が登場するおとぎ話や神話を参照することなどにより，夢の素材の意味をより豊かにしていく夢分析を行った。

C　正しい（○）。「今－ここ」での経験を重視するゲシュタルト療法を提唱した Perls, F. は，夢に登場するさまざまな要素は，夢見手の断片化された自己と考え，これらを統合し全体性を回復することを目的としたドリーム・ワークという手法を開発した。このワークでは，夢の解釈は行わず，夢見手は劇を演じるように設定された舞台において夢に登場するすべてを演じてみる方法をとる。

D　誤り（×）。プロセス指向心理学の創始者である Mindell, A. は，夢と身体に共時的な関係性があると考え，ドリーム・ワークとして，ドリームボディの概念を用いたボディー・ワークを取り入れている。これは主観的世界に積極的に参入するために用いられる技法であり，夢の客体水準の解釈を行う技法とはいえない。

以上の理由から，

a，b，d，e は誤りで，正答は　c　となる。

問題 62……正答 d

Gendlin, E. T. によって概念化されたフォーカシングの基本的な理解を問う問題である。フォーカシングは，クライエント中心療法をさらに発展的に継承したものと位置付けられるが，Gendlin は，フォーカシングが単に固有の技法や流派ではなく，あらゆる心理療法に通底するものとなりうることを「体験過程（experiencing）」という概念によって明らかにした。

A　誤り（×）。フォーカシングは効果的な心理療法によってのみ生じるというような非日常的で特別な身体感覚ではなく，日々の生活の中で，主体的に，自分自身で自分の感覚に注意を向けていくプロセスである。

B　正しい（○）。フォーカシングは，暗々裡 implicit のものを明確にするプロセスであり，当初はあいまいでぼんやりとした言語化以前の認知を明確化し，表現できるように注意を向けていくプロセスである。

C　誤り（×）。特定の心理療法の技法にとらわれることなく，フォーカシングと体験過程の方法を用いることができるとされる。

D　正しい（○）。フォーカシングは問題を分析する代わりに，その全体の感じに触れることを大切にする。

以上の理由から，

a，b，c，e は誤りで，正答は　d　となる。

問題63……正答e

初心の臨床心理士が抱えやすい自信喪失や不安感，そして無能であるとみられたくない気持ちなどについての理解と対応を問う問題である。

　これらの思いは，多くの臨床心理士が経験するという点では，特別なものではないが，それらを一人で抱え込んだり隠そうとするなど，不適切な対応をすると心理臨床の実践にも悪影響をきたしやすい。個別での対応を基本とする臨床心理士の活動であるからこそ，同僚やスーパーヴァイザーからの支えが必要となる職種であることを，この問題を通じて改めて確認してほしい。

A　誤り（×）。ケースにうまく対応できない自分が無能であると思われるのではないかという懸念が，施設の管理職への相談を困難にさせているようである。現段階で職場環境の問題にすることは，適切であるとはいえない。

B　誤り（×）。甘えられ好意的手紙をもらったり，暴力的で暴言をはくという現象だけに一喜一憂しているようで，個々の子どもへのアセスメントや，子どもと A さんとの関係性などに十分着目していないと考えられる。

C　正しい（○）。過度な共感的理解の態度がかえって暴言・暴力という形で行動化されたり，悪循環に陥ったりしている可能性に目を向ける必要がある。

D　正しい（○）。それぞれの子どもの心理面への理解に基づいてかかわりを

工夫するというよりも，自分の子育て経験に基づいた形でどの子どもにも寄り添い共感的に接するよう心がけてきたようである。個別の子どもへのアセスメントがなされないことが，現在の困難の背景に存在していると考えられる。

以上の理由から，

a，b，c，dは誤りで，正答は　e　となる。

問題 64……正答 e

初心の臨床心理士に限ったことではないが，クライエントとの間に生じている困難な事態については，まずは職場内のスタッフ会議やケース検討の場にあげるなどして，そこで起きていることについて共有し検討する機会をもつことが必要である。うまくいっていない状況を隠してしまうと，かえって対応に遅れが生じたり，その臨床心理士のバーンアウトにつながったりすることもあるため，職場内の資源を積極的に活用する姿勢が必要とされる。

a　誤り（×）。研修や専門書などで専門知識などの知的理解を得ようとすることは必要であるが，このケースを担当して臨床心理士として機能し続けるためには，それだけでは対応が困難であると考えられる。

b　誤り（×）。今まさに生じている子どもとの間のかかわりの課題に対して，その課題に触れることを避けるだけでは，臨床心理士としてその子どもの心にかかわっていくことは難しいと考えられる。

c　誤り（×）。自分自身の心理的な課題に取り組むことは必要なことではあるが，今，対象となる子どもとの関係性において何が生じているかについて気づきを得て，より良いかかわりを試行錯誤していく上での最優先での選択肢とはいえない。

d　誤り（×）。うまくいっていない事態を改善するために，親との面接を設定する対応は，この状況において必ずしも適切であるとはいえない。

e　正しい（○）。臨床現場で生じていることについて，その現場をよく知る同僚や先輩に率直に話ができることは大切である。必要なコンサルテーションを受けることは，臨床心理士としての責任を果たすことともつながると考えられる。

以上の理由から，

a，b，c，dは誤りで，正答は　e　となる。

問題 65……正答 a

スーパーヴィジョンは，何を目的とする場であるのかについての問題である。大学院教育の中で与えられた場として提供されるスーパーヴィジョンではなく，自らの求めで受けるスーパーヴィジョンにおけるスーパーヴァイジー側の態度という点での理解が求められる。

A　正しい（○）。ケースの経過を読む限り，十分な子どものアセスメントのもとで支援の方針が立てられてはいないことがうかがわれる。したがって，スーパーヴィジョンでは，まずはクライエントのアセスメントが十分になされる必要がある。

B　誤り（×）。スーパーヴィジョンの目的は，スーパーヴァイジーが心理的な課題に向き合い，解決することを最優先とするものではない。しかし，それが必要であるならば，教育分析や自分自身がカウンセリングを受けるための場を求めるのが適当である。

C　正しい（○）。クライエントである子どもからの暴言や暴力に対する自身の感情は，その子どもが頼りとする大人に向けてのメッセージであることも少なくなく，子どもの理解と支援のヒントに結びつく手がかりになる可能性をもつことから，こうした観点でスーパーヴァイザーと十分に話し合うことが求められる。

D　誤り（×）。スーパーヴィジョンの場でスーパーヴァイザーとスーパーヴァイジーに生じる関係性が，ケースにかかわる関係性を映し出していることもあるため，スーパーヴァイジーは，スーパーヴァイザーに対するさまざまな感情について伝えることも重要である。

以上の理由から，

b，c，d，eは誤りで，正答は　a　となる。

問題 71……正答 a

非行臨床の基本法規となる少年法の理解を問う問題である。14歳で少年法の

扱いが異なり，犯罪少年として家庭裁判所で保護処分を受けるという手続きを理解していることと，少年事件の場合は，全件家庭裁判所送致が原則であることを理解していることが，ここでは求められる。

a　正しい（○）。14 歳の犯罪少年であるので，まずは家庭裁判所に事件が送致される。その後，保護処分を家庭裁判所で決定する。

b　誤り（×）。14 歳の犯罪少年なので，まずは家庭裁判所に事件が送致される。その後に児童相談所に送致されることはあり得る。

c　誤り（×）。まずは本人が取り調べを受ける。その後家庭裁判所に事件が送致されると，保護者に対しても家庭裁判所調査官による調査が行われる。

d　誤り（×）。少年鑑別所に入所させられる際も，家庭裁判所の監護措置決定を要する。

e　誤り（×）。知的障害がどのように非行に影響したかといったことも，家庭裁判所における調査官の調査により明らかにされる必要がある。

以上の理由から，

b，c，d，e は誤りで，正答は　a　となる。

問題 72……正答 d

非行臨床，とりわけ性非行を対象とするときは，否認が生じることは珍しいことではない。その際に支援の鍵となる，どのように少年との信頼関係を構築して，アセスメント面接における協力関係を築くかというテーマに関する問題である。

A　誤り（×）。事件のこと以外については覚えており，性加害以外に日常生活において衝動的な行動はみられていないことから，A さんに，何らかの認知的な欠陥や脳の障害があるとは考えにくい。

B　正しい（○）。面接の目的を明確にすることによって，自分の不安を低減させ，また話すことが自分にとっても利となること，面接者である臨床心理士が，その専門性を自分のために活用しうることなどを，A さんが納得できるよう心を尽くすことで，正直に話す可能性が高まる。

C　誤り（×）。通常，反省の有無以前に，加害の少年は性非行について保護者に詳細を知られたくはないものである。このような流れでの保護者への協力依頼は，面接者である臨床心理士と A さんとの協力関係を難しくし，余計

に正直に話すことがしにくくなる可能性が高い。

　D　正しい（○）。性非行に関して、恥の感覚を抱いていることも、正直に話しにくくさせている要因になっていることが多い。たとえば、いじめやからかいの経験、親との不和、学業やスポーツでの挫折などといった何らかのストレス状況があって、これによって生じた不満が他の方法では満たせない場面で、性的手段で満たそうとすることは、決して特殊な例ではなく存在することを説明する。このようなストレス状況が、自分の身にも覚えがあると、正直に話しやすくなる。

　以上の理由から、

　a、b、c、eは誤りで、正答は　d　となる。

問題 73……正答 b

　非行とトラウマからの回復の土台となるのは、処罰や説教でもなければ、同情でもない。安全で安心な面接場面と生活場面を作り出すことであるという、非行臨床にとって重要な根本を問う問題である。

　A　正しい（○）。つらかった過去にも耳を傾け、共感し、共感していることを示すことは、Aさんに安心感を生じさせ、信頼に基づく協力関係を作る第一歩となる。

　B　誤り（×）。言い聞かせるものではなく、臨床心理士との今後の治療教育的なかかわりの中で、自覚をうながしていくものである。

　C　正しい（○）。被害からの回復も、加害行動の変化も、まずはAさん本人の安全な環境と安心な関係が確保されてからはじまることが基本となる。

　D　誤り（×）。いじめ被害の体験に特化したトラウマケアを優先させることを検討するより前に、まずはそれらの回復の土台となる安全で安心な環境づくり、関係づくりに取り組むことが重要である。

　以上の理由から、

　a、c、d、eは誤りで、正答は　b　となる。

問題 82……正答 a

　心理臨床面接において、自殺が示唆されたとき、臨床心理士は自殺のリスク評

価を行うとともに，自殺予防に取り組むことになる。リスク評価や自殺予防についての予備知識を問うものである。

A　正しい（○）。自殺の危険評価の中に，「家族歴」の項目があり，家族の精神障害や自殺，そして病死や事故死が挙げられている。幼い頃の兄の事故死，ならびに母親のうつ病は，Ａさんにとってリスク要因となり得る。

B　正しい（○）。保護要因として，本人を理解してくれる人がいること，本人を支援してくれる人がいること，そして本人の支えになるようなものがあることが挙げられており，アルバイト先や大学での人間関係は，保護要因にもなり得る。

C　誤り（×）。Ａさんは幼い頃に兄を事故で失い，実母はそれ以来うつ病を患っており，実家に戻っても休めない状況であった。その上，アルバイト先では早朝深夜の従業で生活リズムが乱れ，人間関係に行き詰まり，追い込まれるような形でリストカットを行っている。保護要因に乏しい現状で，リストカットが自殺に結び付く可能性を否定できない。リストカットはリスク要因として捉えておく必要がある。

D　誤り（×）。リスク評価の実際は包括的に行う必要があり，構造化面接法のようにリスク要因を一覧表にそってもれなく確認をするのではなく，Ａさんの現状に応じたリスク要因の確認を行うことになる。

以上の理由から，

b，c，d，eは誤りで，正答は　a　となる。

問題 83……正答 d

リスク評価の結果，自殺の危険性が認められたので，Ａさんの家族や担当教員等への連絡・連携を臨床心理士は視野に入れておく必要がある。その際の留意点について，臨床心理士倫理綱領の「守秘」についての理解も含め，問うものである。

A　誤り（×）。評価の結果，高いリスクを有し，自殺の危険性が高い場合は，本人の許可を得ることなく家族に連絡することもあり得る。しかし，Ａさんの場合，緊急入院が必要なほど高いリスクではないが，自殺の危険性は認められるので，Ａさんに許可を求めることが望ましい。

B　正しい（○）。自殺予防のためには，自殺を回避する安全計画（危機対処計画）を本人と話し合うことが重要である。それとともに，必要に応じて家族とも安全計画を共有することが自殺予防の点で有益となり得る。Ａさんの場合，母親はうつ病を患っていることから，家族の中では父親の役割が重要となる。

C　誤り（×）。面接記録は，支援方針を決定し，支援の妥当性等を検討するために必要なものである。臨床心理士が家族から開示を求められた際には，プライバシー保護と情報共有のバランスを取るべく，開示内容について本人ならびに家族と合意形成を行った上で開示することになる。その意味で，この記述は不適切ではないが，自殺予防として優先するのはＢとＤである。

D　正しい（○）。家族の中では父親がキーパーソンとなっているので，Ａさんの許可を得た上で，父親には自殺の危険徴候など自殺予防に関する有用な情報を具体的に伝えることが重要となる。

以上の理由から，

a，b，c，eは誤りで，正答は　d　となる。

問題 90……正答 d

学校管理下で事故が起きたときに，学校として心のケアへいかに取り組むかについて問うものである。

スクールカウンセラー（SC）ガイドライン（教育相談等に関する調査研究協力者会議）においては，SC の職務内容の中に，自然災害，突発的な事件・事故が発生した際の援助が掲げられている。具体的には，「事件・事故や自然災害の発生後等の緊急時には，全ての児童生徒や教職員等の学校全体を対象として，ストレス対処やリラクセーションのプログラムを実施」が，また，「自然災害，突発的な事件・事故の当事者となった児童生徒に対するアセスメントとカウンセリング等の実施」が示されている。

A　誤り（×）。本事案はニュースで報道されており，当該学年に限らず多くの生徒が事故のことを知っている。他学年であってもケガをした生徒ときょうだい関係にある生徒，部活動で親しく接している生徒や，もともと内的・外的な脆弱性を持つ生徒など，大きく動揺する生徒の出る可能性があり，全

校生徒がケアの対象となる。

B　正しい（○）。危機時の高リスク要因として，事案との物理的な近接性（事故現場を見る，事故の音を聴くなど），ならびに，情緒的近接性（被害にあった人と親しい関係にある）が指摘されている。これらに該当する生徒の心のケアは，優先的に行われることになる。

C　誤り（×）。翌日の休みは，身体的な疲労回復のために設定されていたものの，本事案の場合に休ませることは，結果として事故後の危機反応に対して適切な情報提供やケアが遅れることになり，動揺している生徒や保護者の不安を高めることになりかねない。

D　正しい（○）。危機時の高リスク要因として，物理的近接性，情緒的近接性に加えて，内的脆弱性（もともとのストレス耐性の低さや不適切なコーピングの使用）や外的脆弱性（家族のサポートの乏しさ，孤立）が挙げられている。もともと不安定であったり，家庭でのサポートが困難であると思われる生徒は，内的脆弱性や外的脆弱性を持つ生徒に該当する。

以上の理由から，

a，b，c，e は誤りで，正答は　d　となる。

問題 91……正答 b

災害，事件・事故後の心理教育について理解しておくことは，学校臨床心理士にとって欠かせない。

A　正しい（○）。心理教育の際に，日頃から生徒の様子をよく知っている教師を中心に生徒の反応を観察することで，動揺が大きく，混乱している生徒を早期に発見し，対処することが可能となる。心理教育には，このような副次的な目的もある。

B　誤り（×）。心理教育においては，起こった出来事に関する正確な情報を共有することが不可欠である。既に報道で事故発生については広く情報が伝わっているものの，噂やデマも流布されがちである。噂やデマによる二次被害を防ぐために，学校として正確な情報を伝えることは重要となる。

C　正しい（○）。危機に遭遇した後に起きるさまざまな反応の大半は，危機という異常な事態への正常な反応であると伝えることを，ノーマライゼー

ションという。自身に起こっているさまざまな反応に戸惑い「おかしくなるのでは」という不安に襲われている人たちに，見通しと安心を与えるために，ノーマライゼーションは初期の心理教育における最優先事項である。

D　誤り（×）。危機に遭遇しての病的な反応や重篤な症状についての情報提供だけでは，生徒の不安を喚起する可能性を否定できないので，心理教育では反応や症状への対処方法についても情報提供を行っている。そのような反応や症状の見られる当事者や周囲の人を迅速に支援につなぐためである。日頃から生徒の様子をよく知っている教師を中心に生徒の反応を観察することで，支援につなぐよう対処することになる。

以上の理由から，

a，c，d，eは誤りで，正答は　b　となる。

問題92……正答b

災害，事件・事故後の優先的にケアすべき対象者が示す反応や，学校臨床心理士による個別支援について問うものである。

A　正しい（○）。外傷的な出来事を体験した場合，不安，恐怖，集中困難，食欲不振，入眠困難などの心身の症状の他に，無力感や自責感の生じることは珍しくない。無力感や自責感は，自身が無事であった場合に多くの人が感じると言われている。Aさんは，友人が重傷を負った場面を目撃しているので，無力感や自責感をどの程度抱いているかをアセスメントすることで，具体的な支援につなげていくことになる。

B　誤り（×）。事故発生後3日の段階では，種々の反応が出るのは「異常な事態に対する正常な反応」であり，自然回復の可能性もある。この時点では，Aさん自身への心理教育的な支援の実施と並行して，学校や家庭での様子を確認した上で，保護者とも連携して見守り，支援体制を整えることが重要である。ただちに精神科受診を勧めるのは，時期尚早である。

C　正しい（○）。この段階での種々の反応は，危機遭遇という異常な事態への正常な反応で，時間経過とともに軽快する可能性が高い。この点を当事者や家族に保障し，教職員と共通理解をはかった上で，家庭や学校で相談できる人の存在や，他に本人が使用可能な対処法を確認することで，Aさん自身

が見通しをもって自身の反応に対処することができると考えられる。1週間後の面談では，Cさん自身がどの程度回復しているのか把握することで，その後の支援の在り方を考えることになる。

D　誤り（×）。Aさんに継続的・長期的なカウンセリングが必要だとした場合に，学校，保護者にその必要性を十分理解してもらった上で，あらかじめ準備しておいた地域の複数の専門機関のリストを提供することになる。自身が臨床心理士として勤務するクリニックへの来談のみを勧めることは，利益誘導となりかねない。また，自身がクリニックでのカウンセリングを引き受けた場合には，学校臨床心理士とクリニック心理士という異なった立場でAさんと関わることになり，多重関係となり得る。

以上の理由から，

a，c，d，eは誤りで，正答は　b　となる。

問題94……正答d

児童虐待における親子（家族）再統合，あるいは，被虐待児の家庭復帰への支援における臨床心理士の役割について問うものである。

A　誤り（×）。親のカウンセリングやトラウマ治療は重要ではあるが，それはあくまでも親の希望をもとに実施するものであり，親子再統合に先駆けて，必ずすべきこととはいえない。

B　正しい（○）。親子（家族）再統合とは，狭義には「家庭復帰」を意味する。広義には「親子関係のあり方の様々な変容や家族機能の改善・再生」を意味するものである。

C　誤り（×）。支援方針や支援計画の策定は，児童相談所と児童養護施設が協働して作成することが望ましいとされている。家庭裁判所は，策定には関わらない。

D　正しい（○）。家庭復帰に際しては，要保護児童対策地域協議会を活用して，関係機関協働の個別ケース検討会議が開催されることになる。

以上の理由から，

a，b，c，eは誤りで，正答は　d　となる。

問題95……正答 c

学校において，性被害疑いの事象が生じたとき，被害児童への司法面接の実施を視野に入れて学校は対処することになる。司法面接の意味と意義，ならびに被害児童生徒の支援について問うものである。

『生徒指導提要（改訂版）』（文部科学省，2022）には，性的被害者への対応だけでなく，いじめ，少年非行，児童虐待，自殺，不登校など個別の課題への対応が記載されており，学校臨床心理士はチーム学校の一員として必読である。

a   誤り（×）。「なにがあったか，なるべく詳しく話してください」とオープンな質問をするのは，司法面接での手続きである。

b   誤り（×）。誘導や暗示的な質問になりかねないので，このような質問は不適切である。

c   正しい（○）。『生徒指導提要（改訂版）』には，「詳細については無理に聴きすぎず，『性的な被害を受けた』ことが聴ければ，警察等の関係機関に通告することになります」とあり，司法面接に委ねられることになる。

d   誤り（×）。加害者と被害者を同室で同じ時間に聴取するのは，被害児童に２次被害を引き起こす危険性があるので全く不適切である。

e   誤り（×）。被害児童の保護者による聞き取りは，性被害の確認のみに止まらず，Ａさんにとって有利な，あるいは都合の良い事柄を引き出そうと，暗示的になったり，誘導的な質問となる恐れが排除できない。そうなると，Ａさんの記憶が変容しかねず，司法面接を行う意義が薄れてくる。性被害がわかれば，それ以上詳しく聞かないことが肝要なので，保護者による聞き取りは避けねばならない。

以上の理由から，

a，b，d，e は誤りで，正答は   c   となる。

問題96……正答 c

性被害は，心的外傷後ストレス障害となり得る出来事の一つである。そのためトラウマ記憶がその後の生活にネガティブな影響を及ぼす可能性が高い。性被害にあった子どもへの心理支援の一つとして，保護者面接は重要となる。

A   正しい（○）。トラウマ体験をすると，これまでは中立的あるいは安全な

刺激（本事例では“体操服”）であったものがトリガーになり，嫌な気分を惹き起こすことがある。トリガーを避けることが，再体験反応が起きないようにする防衛反応であるとしても，このことが続くと，日常生活に影響を及ぼしかねないので，そのことを保護者に伝え，子どもへの理解と対応を図ることになる。

B　誤り（×）。子どもの性被害体験の内容を臨床心理士が詳しく尋ねることは，保護者にとって代理受傷のリスクが高くなる。今起きている子どもの心身の反応を共有し，トラウマ反応の意味と適切な対応方法を伝え，子どもへの関わりを応援する支援こそがまず求められる。

C　誤り（×）。トラウマ体験後の心身の変化は異常事態に対する正常な反応，つまり，トラウマを体験した人の誰にでも起こり得る自然な反応という心理教育のメッセージは適切である。特に，1カ月間は身近な人の適切な関わりが回復の重要なポイントとなる。体操服を嫌がるときや，登校を嫌がるときはどのように対応すれば良いのかといった保護者の悩みや不安に対処するには，月1回の面接では十分ではなく，毎週の保護者面接が必要であろう。

D　正しい（○）。トラウマ反応は，麻痺と再体験といった一見相反する反応を示す。また，過覚醒反応により，学校では元気に振舞っているかもしれない。眠れているのか，怖い夢はみていないか，遊びや勉強の集中の度合いはどうかなど，子どもの行動を保護者と教師が情報交換することは，子どもの全体像の理解とトラウマへの対処という点で必要である。

以上の理由から，
a，b，d，eは誤りで，正答は　c　となる。

〔附録〕

臨床心理士資格審査規程

専門職大学院運用内規

臨床心理士倫理規程

臨床心理士倫理綱領

臨床心理士倫理委員会規程

指定大学院・専門職大学院一覧

資格取得のための申請書類一式（見本）

- ・様式―1：「臨床心理士」資格認定申請書
- ・様式―2：履歴書
- ・様式―指定Ａ：臨床心理士受験申請資格証明書
- ・様式―3：職歴・職務内容証明書
- ・様式―指定Ｂ：指定大学院修了者の在籍・実務実態証明書
- ・様式―医Ａ：心理臨床経験申告書
- ・様式―4：在職証明書

臨床心理士資格審査規程

制　　定：平成 2 年 8 月 1 日
最近改正：令和 5 年 3 月 4 日

第一章　目　的

第 1 条　公益財団法人日本臨床心理士資格認定協会（以下「本協会」という）定款
　　　　第 3 条，第 4 条第 1 項 (1) に基づき，臨床心理士の資格審査を適正に行うた
　　　　めにこの規程を設ける。

第 2 条　臨床心理士の資格審査は本規程第 13 条に定める資格審査委員会（以下「審
　　　　査委員会」という）で行う。

第二章　資　格

第 3 条　資格の認定を希望する者は，本協会の行う審査を受けなければならない。

第 4 条　審査委員会は資格の認定を希望する者に社会通念上著しい欠格があると
　　　　認めた場合は，審査を拒否することができる。

第 5 条　資格審査に合格し，所定の手続を完了した者に対して，本協会は「臨床心
　　　　理士」の資格認定証を交付し，その氏名等を本協会が発行する日本臨床心理
　　　　士名簿に登録し，これを公告する。

　　2.　「臨床心理士」の資格認定証の交付を受けた者は，交付日より起算して 5 年
　　　　後に資格更新申請を行い，本協会が定める「臨床心理士教育・研修委員会規
　　　　程別項」第 2 条の内容を充足し，資格認定証交付の際発行した資格登録証明
　　　　書の再発行を受けなければならない。

第 6 条　資格登録者が，その行為により本協会が別に定める「臨床心理士倫理綱領」
　　　　に抵触した場合，本協会は「臨床心理士倫理規程」第 4 条及び第 5 条に基づ
　　　　き，その登録を一定期間停止又は抹消することができる。

第三章　審　査

第 7 条　本資格審査は臨床心理士として必要な臨床心理査定，臨床心理面接，臨床
　　　　心理的地域援助及びそれらの研究調査等に関する基礎的知識及び技能につ
　　　　いてこれを行う。

第8条　資格審査を受けることができる者は次の各号のいずれかに該当する者とする。

　一．学校教育法に基づく大学院（臨床心理学研究科等）で，別に定める大学院指定運用内規に基づき第1種の大学院と指定されたものにおいて，臨床心理学又はそれに準ずる心理臨床に関する分野を専攻する修士課程又は博士課程前期課程を修了した者。

　二．学校教育法に基づく大学院（臨床心理学研究科等）で，別に定める大学院指定運用内規に基づき第2種の大学院と指定されたものにおいて，臨床心理学又はそれに準ずる心理臨床に関する分野を専攻する修士課程又は博士課程前期課程を修了後，1年以上の心理臨床経験を有する者。

　三．学校教育法に基づく大学院において，臨床心理学又はそれに準ずる心理臨床に関する分野を専攻する専門職学位課程を修了した者。

　四．諸外国で上記第一号又は第二号のいずれかと同等（graduate school of clinical psychology の2年通学制修士課程修了等）以上の教育歴及び，当該教育機関を修了後，日本国内における2年以上の心理臨床経験を有する者。

　五．医師免許取得者で，取得後2年以上の心理臨床経験を有する者。

　2．前項第一号及び第二号の大学院の課程に関する基準は，「臨床心理士受験資格に関する大学院指定運用内規」の定めるところによる。

　3．第1項第三号の大学院修了者の資格審査にかかる運用については，「専門職大学院運用内規」に定めるところによる。

第9条　資格審査を申請する者は，所定の申請書，学歴証明書等に審査料を添えて申請する。

第10条　資格審査は書類審査，筆記試験及び口述審査により原則として年1回これを行う。

第四章　業　務

第11条　臨床心理士は，学校教育法に基づいた大学，大学院教育で得られる高度な心理学的知識と技能を用いて臨床心理査定，臨床心理面接，臨床心理的地域援助及びそれらの研究調査等の業務を行う。

第12条　臨床心理士は本協会が定める「臨床心理士倫理綱領」を守らなければならない。

第五章　資格審査委員会

第13条　本規程第7条及び第10条に定める内容を厳正に実施するため，審査委員会を設ける。

　　2．審査委員会は別に定める「臨床心理士資格審査委員任用規程」によって選出された資格審査委員（以下「委員」という）12名によって構成される。

　　3．本規程第5条第2項に定める内容を厳正に実施するため，資格更新審査委員会を設ける。資格更新審査委員会については，別に定める。

第14条　審査委員会に委員長，副委員長各1名を委員の互選により選出し，その運営の適正を期するものとする。副委員長は問題作成委員長を兼ねるものとする。

　　2．問題作成を適正に行うため，若干名の問題作成副委員長を置くことができる。

　　3．審査委員会は原則として年2回開催するものとする（これを定例審査委員会という）。

　　4．審査委員会は委員の5分の4以上の出席をもって成立する。

第15条　審査委員会は次の業務を行う。

　　　　（1）　資格審査の適正な実施

　　　　（2）　筆記試験問題の作成とその実施及び評価

　　　　（3）　その他，必要と認められる資格審査に関する事項

第16条　審査委員会の議決は出席委員の3分の2以上の承認を得なければならない。

第17条　委員及び関係事務職員は，その業務の実施にあたって不正行為を行ってはならない。また，役職上知り得た審査経過等について，これを他人に口外してはならない。

第六章　改　正

第18条　この規程の改正は本協会理事会における3分の2以上の議決によって行

う。

附　則　この規程は平成2年8月1日より施行する。

附　則　この規程は平成3年3月24日より施行する。(2. 3. 4. 略)

5. 本規程第8条にいう「心理臨床経験」とは次の各項に準拠するものとする。

イ）本規程第11条にいう心理臨床の業務に関する常勤の従業者として，次の機関又は施設等で勤務している者

　　(1)　児童相談所，身体障害者更生相談所，知的障害者更生相談所，婦人相談所等の福祉相談機関及び障害児(者)入所，通所施設等

　　(2)　病院，精神保健センター等の医療施設

　　(3)　少年鑑別所，少年院，刑務所等の矯正保護機関及び施設

　　(4)　家庭裁判所等の司法関係機関

　　(5)　教育相談機関

　　(6)　大学に設置された保健管理センター，心理教育相談所等

　　(7)　事業所等に設置された保健センター・心理相談機関等

　　(8)　その他これに準ずる機関及び施設

ロ）常勤の従事者（常勤者）とは週3日以上勤務する者をいう。週2日以下の者は非常勤の従事者として，常勤者の5割計算で評価する。

ハ）心理臨床経験は申請日より起算して過去15年間に限ってこれを評価する。

専門職大学院運用内規

制　定：平成17年4月1日
最近改正：平成25年4月1日

第1条　公益財団法人日本臨床心理士資格認定協会が定める臨床心理士資格審査
　　　　規程第8条第3項に基づき，専門職大学院に係る運用内規を設ける。

第2条　専門職学位課程の設置認可があった場合は，当該課程を設置する大学院
　　　　は，速やかに当協会に別紙様式により届け出るものとする。それ以後におけ
　　　　る当該課程に係る改廃等の変更があった場合も同様とする。

第3条　当該大学院はその修了生に対し，資格認定のための受験資格に関する証明
　　　　書を発行するものとする。

第4条　臨床心理士資格審査規程第8条第1項第三号に該当する者に係る同規程
　　　　第10条の運用にあたっては，筆記試験の一部を免除するものとする。

第5条　本運用内規は，専門職大学院の設置拡大状況に伴い見直すことがある。

第6条　本運用内規の改廃は，業務執行理事会の発議と理事会の議決によりこれ
　　　　を行う。

臨床心理士倫理規程

制　定：令和2年5月28日

〈目的等〉

第1条　公益財団法人日本臨床心理士資格認定協会（以下「本協会」という）は，定款第4条第1項（1）に基づき認定された臨床心理士の倫理問題への対応について必要とする諸事項を定めるため，この規程を設ける。

第2条　本協会は，臨床心理士が行う専門的業務及び遵守すべき道義的事項に関する倫理綱領を，本規程と別に定める。

第3条　本協会は，前条による倫理綱領に抵触する者の厳正な審査を行うために倫理委員会（以下「委員会」という）を設ける。

〈委員会の処分内容の答申〉

第4条　倫理に関する事案が生じた場合，理事会からの附託に基づき委員会が審議及び調査を行い，「厳重注意」，「一定期間の登録停止」，「登録抹消」若しくは「不問」の四種のうちいずれかの審議結果の答申を，理事会に対して行うものとする。

　　　なお「厳重注意」又は「一定期間の登録停止」の処分の場合，臨床心理士としての倫理意識向上を目的とするスーパーヴィジョンを受ける等の附帯事項を加えることができる。

〈倫理処分〉

第5条　理事会は委員会の処分内容の答申を受け，出席した理事の過半数の議決により，処分の可否，内容を決定する。

　2．処分が決定された臨床心理士が，処分に従わない場合は，当該処分を含め，前項に定める手続きにより，再度の処分を決定する。

〈倫理処分に関する開示〉

第6条　本協会は，前条の処分の対象となった臨床心理士の氏名・処分内容を，臨

床心理士報及び本協会ホームページにおいて公示するほか, 必要に応じて関係機関に通報することができる。

〈規程の改廃〉

第7条　本規程の改廃は本協会理事会における3分の2以上の議決によって行う。

臨床心理士倫理綱領

制　定：平成 2 年 8 月 1 日
最近改正：令和 2 年 5 月 28 日

　　公益財団法人日本臨床心理士資格認定協会が定める臨床心理士倫理規程第 2 条に基づき，本倫理綱領を設ける。

前　文

　　　　臨床心理士は基本的人権を尊重し，専門家としての知識と技能を人々の福祉の増進のために用いるように努めるものである。そのため臨床心理士は常に自らの専門的業務が人々の生活に重大な影響を与えるものであるという社会的責任を自覚しておく必要がある。したがって自ら心身を健全に保つように努め，以下の綱領を遵守することとする。

〈責任〉

第 1 条　臨床心理士は自らの専門的業務の及ぼす結果に責任をもたなければならない。その業務の遂行に際しては，来談者等の人権尊重を第一義と心得るとともに，臨床心理士資格を有することに伴う社会的・道義的責任をもつ。

〈技能〉

第 2 条　臨床心理士は訓練と経験により的確と認められた技能によって来談者に援助・介入を行うものである。そのため常にその知識と技術を研鑽し，高度の技能水準を保つように努めなければならない。一方，自らの能力と技術の限界についても十分にわきまえておかなくてはならない。

〈秘密保持〉

第 3 条　臨床業務従事中に知り得た事項に関しては，専門家としての判断のもとに必要と認めた以外の内容を他に漏らしてはならない。また，事例や研究の公表に際して特定個人の資料を用いる場合には，来談者の秘密を保護する責任をもたなくてはならない。

〈査定技法〉

第 4 条　臨床心理士は来談者の人権に留意し，査定を強制してはならない。また，その技法をみだりに使用してはならないとともに，査定結果が誤用・悪用さ

れないように配慮を怠ってはならない。

　さらに，臨床心理士は査定技法の開発，出版，利用の際，その用具や説明書等をみだりに頒布することを慎まなければならない。

〈援助・介入技法〉

第5条　臨床業務は自らの専門的能力の範囲内でこれを行い，常に来談者が最善の専門的援助を受けられるように努める必要がある。

　臨床心理士は自らの影響力や私的欲求を常に自覚し，来談者の信頼感や依存心を不当に利用しないように留意しなければならない。その臨床業務は職業的関係のなかでのみこれを行い，来談者又は関係者との間に私的関係及び多重関係をもってはならない。

〈専門職との関係〉

第6条　他の臨床心理士及び関連する専門職の権利と技術を尊重し，相互の連携に配慮するとともに，その業務遂行に支障を及ぼさないように心掛けなければならない。

〈研究〉

第7条　臨床心理に関する研究に際しては，来談者や関係者の心身に不必要な負担をかけたり，苦痛や不利益をもたらすことを行ってはならない。

　研究は臨床業務遂行に支障をきたさない範囲で行うよう留意し，来談者や関係者に可能な限りその目的を告げて，同意を得た上で行わなければならない。

〈公開〉

第8条　心理学的知識や専門的意見を公開する場合には，公開内容について誇張がないようにし，公正を期さなければならない。特に商業的な宣伝や広告の場合には，その社会的影響について責任がもてるものでなければならない。

〈倫理の遵守〉

第9条　臨床心理士は本倫理綱領を十分に理解し，違反することがないように相互の間で常に注意しなければならない。

〈倫理申立て及び処分への対応義務〉

第10条　臨床心理士は，本協会に置かれる倫理委員会に申立てがなされた場合，同委員会が行う面接調査等の業務に協力しなければならない。臨床心理士倫理

規程に定めた処分が確定し，その通知がなされた時点で，処分を受けた臨床心理士が，臨床心理士養成のための大学院専門職学位課程若しくは臨床心理士受験資格に関する指定大学院（以下，「臨床心理士養成大学院」という。）の指導教員である場合又は日本臨床心理士会若しくは都道府県臨床心理士会（以下，「臨床心理士会」という。）の会員である場合，処分を受けた臨床心理士は，臨床心理士養成大学院及び臨床心理士会の一方又は双方に対して処分を受けた事実と内容について，速やかに報告しなければならない。

　臨床心理士が受けた処分が，「一定期間の登録停止」又は「登録の抹消」の場合，処分を受けた臨床心理士は，速やかに臨床心理士資格登録証明書（IDカード）と臨床心理士資格認定証（賞状形式）を，本協会に返納しなければならない。

臨床心理士倫理委員会規程

制　　定：平成 2 年 8 月 1 日
最近改正：令和 2 年 5 月28日

〈目的〉

第 1 条　公益財団法人日本臨床心理士資格認定協会（以下「本協会」という）は，臨床心理士倫理規程第 3 条に基づき，理事会の下に倫理委員会（以下「委員会」という）を設ける。

〈委員会の構成〉

第 2 条　委員会の委員は次の者をもって構成することとし，理事会の議を経て会長が委嘱する。

（1）業務執行理事 1 名

（2）理事 2 名

（3）委員の任用日を基準にして過去 10 年以上にわたり引き続き心理臨床に関する専門業務に従事している者 3 名以上

2.　委員長は委員の互選とする。

3.　委員長は，委員の中から副委員長 1 名を指名する。

4.　委員の任期は 4 年とし，重任を妨げない。ただし，引き続いて 8 年を超えての選出は認めないが，必要なときにはこの限りではない。

5.　委員長は必要に応じて委員会を構成する委員の他に，一定期間，外部委員を加えることができる。

〈委員会の運営〉

第 3 条　委員長は理事会からの関係事項に関する審議の附託を受けて委員会を開催し，委員長が議長となる。

2.　委員会は委員の 3 分の 2 の出席をもって成立するものとする。

3.　委員長に事故があるとき又は欠けたときは，委員のうちからあらかじめ指名されていた副委員長が委員長の職務を代理し，又は委員長の職務を行う。

第 4 条　臨床心理士の倫理に関する事項について委員長が必要と認める場合，又は

委員の３分の２以上の発議があった場合は，前条以外に当該委員会を開催し，必要に応じ理事会に勧告等をすることができる。

〈委員会の業務〉

第５条　委員会は，以下の業務を行う。

(1)理事会からの附託に基づく倫理問題に関する審議，及び調査並びに結果の答申

(2)本規程，倫理規程，及び倫理綱領の改廃に関する審議

(3)臨床心理士の倫理意識向上についての本協会への提言

(4)その他，理事会が必要と認める業務

〈委員会の結論〉

第６条　委員会は出席委員の過半数の賛成により，委員会としての結論を決する。

〈秘密保持〉

第７条　委員及び本協会事務局職員は，委員会の審議及び調査内容に関し，知り得た秘密を厳守し，個人情報等を漏洩してはならない。委員退任後及び事務局職員退職後も同様とする。ただし，委員会の職務遂行に必要な事項については，この限りではない。

〈規程の改廃〉

第８条　本規程の改廃は本協会理事会における３分の２以上の議決によって行う。

指定大学院・専門職大学院一覧

指定大学院 臨床心理学専攻（コース）一覧
第1種（148校／修了後，直近の審査の受験可）

所在県名	種別	大学院名	研究科名
北海道	国	北海道大学大学院	教育学院
北海道	私	札幌学院大学大学院	臨床心理学研究科
北海道	私	札幌国際大学大学院	心理学研究科
北海道	私	北翔大学大学院	臨床心理学研究科
岩手	国	岩手大学大学院	総合科学研究科
宮城	国	東北大学大学院	教育学研究科
宮城	私	尚絅学院大学大学院	総合人間科学研究科
宮城	私	東北福祉大学大学院	総合福祉学研究科
秋田	国	秋田大学大学院	教育学研究科
山形	国	山形大学大学院	社会文化創造研究科
福島	国	福島大学大学院	人間発達文化研究科
福島	私	医療創生大学大学院	人文学研究科
福島	私	福島学院大学大学院	心理学研究科
茨城	国	筑波大学大学院	人間総合科学学術院人間総合科学研究群博士前期課程
茨城	私	常磐大学大学院	人間科学研究科
栃木	私	作新学院大学大学院	心理学研究科
群馬	私	東京福祉大学大学院	心理学研究科
埼玉	私	跡見学園女子大学大学院	人文科学研究科
埼玉	私	埼玉学園大学大学院	心理学研究科
埼玉	私	埼玉工業大学大学院	人間社会研究科
埼玉	私	駿河台大学大学院	心理学研究科
埼玉	私	東京国際大学大学院	臨床心理学研究科
埼玉	私	文教大学大学院	人間科学研究科
埼玉	私	文京学院大学大学院	人間学研究科
埼玉	私	立教大学大学院	現代心理学研究科
埼玉	私	早稲田大学大学院	人間科学研究科
千葉	私	川村学園女子大学大学院	人文科学研究科
千葉	私	淑徳大学大学院	総合福祉研究科

令和6年（2024）6月1日現在

専攻名	領域（コース）名
教育学専攻	臨床心理学講座
臨床心理学専攻	
臨床心理専攻	
臨床心理学専攻	
地域創生専攻	人間健康科学コース臨床心理学プログラム
総合教育科学専攻	臨床心理学コース
心理学専攻	臨床心理学コース
福祉心理学専攻	臨床心理学分野
心理教育実践専攻	心理教育実践コース（臨床心理学）
社会文化創造専攻	臨床心理学コース
学校臨床心理専攻	臨床心理領域
臨床心理学専攻	
臨床心理学専攻	
心理学学位プログラム	心理臨床学サブプログラム
人間科学専攻	臨床心理学領域
臨床心理学専攻	
臨床心理学専攻	臨床心理コース
臨床心理学専攻	
臨床心理学専攻	
心理学専攻	臨床心理学教育研究分野
臨床心理学専攻	
臨床心理学専攻	
臨床心理学専攻	
心理学専攻	臨床心理学コース
臨床心理学専攻	
人間科学専攻	臨床心理学研究領域
心理学専攻	臨床心理学領域
心理学専攻	臨床心理学領域

第1種（つづき）

所在県名	種別	大学院名	研究科名
千葉	私	聖徳大学大学院	臨床心理学研究科
東京	国	お茶の水女子大学大学院	人間文化創成科学研究科
東京	国	東京大学大学院	教育学研究科
東京	私	青山学院大学大学院	教育人間科学研究科
東京	私	桜美林大学大学院	国際学術研究科
東京	私	大妻女子大学大学院	人間文化研究科
東京	私	学習院大学大学院	人文科学研究科
東京	私	国際医療福祉大学大学院	医療福祉学研究科
東京	私	駒澤大学大学院	人文科学研究科
東京	私	駒沢女子大学大学院	人文科学研究科
東京	私	上智大学大学院	総合人間科学研究科
東京	私	昭和女子大学大学院	生活機構研究科
東京	私	白百合女子大学大学院	文学研究科
東京	私	聖心女子大学大学院	文学研究科
東京	私	創価大学大学院	文学研究科
東京	私	大正大学大学院	人間学研究科
東京	私	帝京大学大学院	文学研究科
東京	私	東京家政大学大学院	人間生活学総合研究科
東京	私	東京女子大学大学院	人間科学研究科
東京	私	東京成徳大学大学院	心理学研究科
東京	私	東洋英和女学院大学大学院	人間科学研究科
東京	私	日本大学大学院	文学研究科
東京	私	日本女子大学大学院	人間社会研究科
東京	私	法政大学大学院	人間社会研究科
東京	私	武蔵野大学大学院	人間社会研究科
東京	私	明治大学大学院	文学研究科
東京	私	明治学院大学大学院	心理学研究科
東京	私	明星大学大学院	心理学研究科
東京	私	目白大学大学院	心理学研究科
東京	私	立正大学大学院	心理学研究科
東京	私	ルーテル学院大学大学院	総合人間学研究科
神奈川	私	神奈川大学大学院	人間科学研究科

専攻名	領域（コース）名
臨床心理学専攻	
人間発達科学専攻	発達臨床心理学コース
総合教育科学専攻	心身発達科学専修臨床心理学コース
心理学専攻	博士前期課程臨床心理学コース
国際学術専攻	心理学実践研究学位プログラム臨床心理分野
臨床心理学専攻	
臨床心理学専攻	
臨床心理学専攻	
心理学専攻	臨床心理学コース
臨床心理学専攻	
心理学専攻	臨床心理学コース
心理学専攻	臨床心理学講座
発達心理学専攻	発達臨床心理学コース
人間科学専攻	臨床心理学研究領域
教育学専攻	臨床心理学専修
臨床心理学専攻	
臨床心理学専攻	
臨床心理学専攻	
人間社会科学専攻	臨床心理学分野
臨床心理学専攻	
人間科学専攻	臨床心理学領域
心理学専攻	臨床心理学コース
心理学専攻	臨床心理学領域
臨床心理学専攻	
人間学専攻	臨床心理学コース
臨床人間学専攻	臨床心理学専修
心理学専攻	臨床心理学コース
心理学専攻	臨床心理学コース
臨床心理学専攻	
臨床心理学専攻	
臨床心理学専攻	
人間科学専攻	臨床心理学研究領域

第1種（つづき）

所在県名	種別	大学院名	研究科名
神奈川	私	北里大学大学院	医療系研究科
神奈川	私	専修大学大学院	文学研究科
神奈川	私	東海大学大学院	文学研究科
新潟	国	上越教育大学大学院	学校教育研究科
新潟	私	新潟青陵大学大学院	臨床心理学研究科
石川	私	金沢工業大学大学院	心理科学研究科
福井	私	仁愛大学大学院	人間学研究科
山梨	私	山梨英和大学大学院	人間文化研究科
長野	国	信州大学大学院	総合人文社会科学研究科
岐阜	国	岐阜大学大学院	教育学研究科
岐阜	私	東海学院大学大学院	人間関係学研究科
静岡	国	静岡大学大学院	人文社会科学研究科
静岡	私	常葉大学大学院	健康科学研究科
愛知	国	愛知教育大学大学院	教育学研究科
愛知	国	名古屋大学大学院	教育発達科学研究科
愛知	公	名古屋市立大学大学院	人間文化研究科
愛知	私	愛知学院大学大学院	心身科学研究科
愛知	私	愛知淑徳大学大学院	心理医療科学研究科
愛知	私	金城学院大学大学院	人間生活学研究科
愛知	私	椙山女学園大学大学院	人間関係学研究科
愛知	私	中京大学大学院	心理学研究科
愛知	私	同朋大学大学院	人間学研究科
愛知	私	日本福祉大学大学院	社会福祉学研究科
愛知	私	人間環境大学大学院	人間環境学研究科
三重	私	鈴鹿医療科学大学大学院	医療科学研究科
京都	国	京都大学大学院	教育学研究科
京都	私	京都光華女子大学大学院	心理学研究科
京都	私	京都先端科学大学大学院	人間文化研究科
京都	私	京都橘大学大学院	健康科学研究科
京都	私	京都ノートルダム女子大学大学院	心理学研究科
京都	私	京都文教大学大学院	臨床心理学研究科
京都	私	同志社大学大学院	心理学研究科

専攻名	領域（コース）名
医科学専攻	臨床心理学コース
心理学専攻	臨床心理学領域
コミュニケーション学専攻	臨床心理学コース
教育支援高度化専攻	心理臨床研究コース
臨床心理学専攻	
臨床心理学専攻	
臨床心理学専攻	
臨床心理学専攻	
総合人文社会科学専攻	心理学分野臨床心理学コース
教育臨床心理学専攻	
臨床心理学専攻	
臨床人間科学専攻	臨床心理学コース
臨床心理学専攻	
教育支援高度化専攻	臨床心理学コース
心理発達科学専攻	心理臨床科学領域
人間文化専攻	臨床心理コース
心理学専攻	臨床心理学コース
心理医療科学専攻	臨床心理学専修
人間発達学専攻	臨床心理学分野
人間関係学専攻	臨床心理学領域
臨床・発達心理学専攻	臨床心理学領域
仏教人間学専攻	臨床心理分野
心理臨床専攻	
人間環境専攻	臨床心理研究指導分野
医療科学専攻	臨床心理学分野
教育学環専攻	臨床心理学コース
臨床心理学専攻	
人間文化専攻	臨床心理学コース
健康科学専攻	臨床心理学コース
臨床心理学専攻	
臨床心理学専攻	
心理学専攻	臨床心理学コース

第1種（つづき）

所在県名	種別	大学院名	研究科名
京都	私	花園大学大学院	社会福祉学研究科
京都	私	佛教大学大学院	教育学研究科
京都	私	龍谷大学大学院	文学研究科
大阪	国	大阪大学大学院	人間科学研究科
大阪	公	大阪公立大学大学院	人間社会システム科学研究科
大阪	私	追手門学院大学大学院	心理学研究科
大阪	私	大阪経済大学大学院	人間科学研究科
大阪	私	大阪樟蔭女子大学大学院	人間科学研究科
大阪	私	近畿大学大学院	総合文化研究科
大阪	私	梅花女子大学大学院	現代人間学研究科
大阪	私	立命館大学大学院	人間科学研究科
兵庫	国	神戸大学大学院	人間発達環境学研究科
兵庫	国	兵庫教育大学大学院	学校教育研究科
兵庫	私	関西国際大学大学院	人間行動学研究科
兵庫	私	甲子園大学大学院	心理学研究科
兵庫	私	甲南女子大学大学院	人文科学総合研究科
兵庫	私	神戸松蔭女子学院大学大学院	文学研究科
兵庫	私	神戸女学院大学大学院	人間科学研究科
兵庫	私	神戸親和大学大学院	文学研究科
兵庫	私	武庫川女子大学大学院	文学研究科
奈良	国	奈良女子大学大学院	人間文化総合科学研究科
奈良	私	帝塚山大学大学院	心理科学研究科
奈良	私	天理大学大学院	臨床人間学研究科
奈良	私	奈良大学大学院	社会学研究科
鳥取	国	鳥取大学大学院	医学系研究科
島根	国	島根大学大学院	人間社会科学研究科
岡山	国	岡山大学大学院	社会文化科学研究科
岡山	私	川崎医療福祉大学大学院	医療福祉学研究科
岡山	私	就実大学大学院	教育学研究科
岡山	私	ノートルダム清心女子大学大学院	人間生活学研究科
広島	国	広島大学大学院	人間社会科学研究科
広島	私	比治山大学大学院	現代文化研究科

専攻名	領域（コース）名
社会福祉学専攻	臨床心理学領域
臨床心理学専攻	
臨床心理学専攻	
人間科学専攻	臨床心理学研究分野
現代システム科学専攻	臨床心理学分野
心理学専攻	臨床心理学コース
臨床心理学専攻	
臨床心理学専攻	
心理学専攻	臨床心理学コース
心理臨床学専攻	
人間科学専攻	臨床心理学領域
人間発達専攻	臨床心理学コース
人間発達教育専攻	臨床心理学コース
人間行動学専攻	臨床心理学コース
心理学専攻	臨床心理学コース
心理・教育学専攻	臨床心理学コース
心理学専攻	臨床心理学コース
人間科学専攻	臨床心理学分野
心理臨床学専攻	
臨床心理学専攻	
心身健康学専攻	臨床心理学コース
心理科学専攻	臨床心理学専修
臨床心理学専攻	
社会学専攻	臨床心理学コース
臨床心理学専攻	
臨床心理学専攻	
人間社会文化専攻	心理学講座臨床心理学分野
臨床心理学専攻	
教育学専攻	教育臨床心理学コース
人間発達学専攻	臨床心理学コース
人文社会科学専攻	心理学プログラム臨床心理学実践・研究コース
臨床心理学専攻	

第1種（つづき）

所在県名	種別	大学院名	研究科名
広島	私	広島修道大学大学院	人文科学研究科
広島	私	安田女子大学大学院	文学研究科
山口	国	山口大学大学院	教育学研究科
山口	私	宇部フロンティア大学大学院	人間科学研究科
山口	私	東亜大学大学院	総合学術研究科
徳島	国	徳島大学大学院	創成科学研究科
徳島	国	鳴門教育大学大学院	学校教育研究科
徳島	私	徳島文理大学大学院	人間生活学研究科
香川	国	香川大学大学院	医学系研究科
愛媛	国	愛媛大学大学院	教育学研究科
福岡	国	九州大学大学院	人間環境学府
福岡	公	福岡県立大学大学院	人間社会学研究科
福岡	私	九州産業大学大学院	国際文化研究科
福岡	私	久留米大学大学院	心理学研究科
福岡	私	西南学院大学大学院	人間科学研究科
福岡	私	筑紫女学園大学大学院	人間科学研究科
福岡	私	福岡大学大学院	人文科学研究科
福岡	私	福岡女学院大学大学院	人文科学研究科
佐賀	私	西九州大学大学院	生活支援科学研究科
大分	国	大分大学大学院	福祉健康科学研究科
大分	私	別府大学大学院	文学研究科
鹿児島	私	鹿児島純心大学大学院	人間科学研究科
鹿児島	私	志學館大学大学院	心理臨床学研究科
沖縄	私	沖縄国際大学大学院	地域文化研究科

専攻名	領域（コース）名
心理学専攻	臨床心理学領域
教育学専攻	臨床心理学コース
学校臨床心理学専攻	学校臨床心理学専修
臨床心理学専攻	
臨床心理学専攻	
臨床心理学専攻	
人間教育専攻	心理臨床コース臨床心理学領域
心理学専攻	臨床心理学コース
臨床心理学専攻	
心理発達臨床専攻	臨床心理学領域
人間共生システム専攻	臨床心理学指導・研究コース
心理臨床専攻	
国際文化専攻	臨床心理学研究分野
臨床心理学専攻	
臨床心理学専攻	
人間科学専攻	臨床心理学コース
教育・臨床心理専攻	臨床心理分野
臨床心理学専攻	
臨床心理学専攻	
福祉健康科学専攻	臨床心理学コース
臨床心理学専攻	
心理臨床学専攻	
心理臨床学専攻	
人間福祉専攻	臨床心理学領域

第2種（8校／修了後，実務経験1年以上で受験可）

所在県名	種別	大学院名	研究科名
北海道	国	北海道教育大学大学院	教育学研究科
岩手	公	岩手県立大学大学院	社会福祉学研究科
千葉	特	放送大学大学院	文化科学研究科
東京	国	東京学芸大学大学院	教育学研究科
東京	公	東京都立大学大学院	人文科学研究科
東京	私	中央大学大学院	文学研究科
新潟	国	新潟大学大学院	現代社会文化研究科
沖縄	国	琉球大学大学院	地域共創研究科

臨床心理士養成のための専門職大学院（5校）

所在県名	種別	大学院名	研究科名
福岡	国	九州大学大学院	人間環境学府
鹿児島	国	鹿児島大学大学院	臨床心理学研究科
広島	私	広島国際大学大学院	心理科学研究科
大阪	私	帝塚山学院大学大学院	人間科学研究科
東京	私	帝京平成大学大学院	臨床心理学研究科

令和 6 年（2024）6 月 1 日現在

専攻名	領域（コース）名
学校臨床心理専攻	
社会福祉学専攻	臨床心理コース
文化科学専攻	臨床心理学プログラム
教育支援協働実践開発専攻	臨床心理学プログラム
人間科学専攻	臨床心理学分野
心理学専攻	臨床心理学コース
現代文化専攻	人間形成科学分野思想・心理科学コース 臨床心理領域
地域共創専攻	臨床心理プログラム

令和 6 年（2024）6 月 1 日現在

専攻名	開設年度
実践臨床心理学専攻（専門職学位課程）	平成 17 年（2005）4 月
臨床心理学専攻（専門職学位課程）	平成 19 年（2007）4 月
実践臨床心理学専攻（専門職学位課程）	平成 19 年（2007）4 月
臨床心理学専攻（専門職学位課程）	平成 19 年（2007）4 月
臨床心理学専攻（専門職学位課程）	平成 23 年（2011）4 月

（様式－1）

「臨床心理士」資格認定申請書

　私は、公益財団法人日本臨床心理士資格認定協会の認定する「臨床心理士」の資格を取得したいので、所定の関係書類および審査料をそえて審査を申請します。

（記入日　　　　年　　　　月　　　　日）

捺印
印

*必ず捺印をしてください

1．氏名　＿＿＿＿＿＿＿＿＿＿＿＿＿＿＿＿＿＿＿＿＿＿＿

　　フリガナ　＿＿＿＿＿＿＿＿＿＿＿＿＿＿＿＿＿＿＿＿＿＿＿

　　生年月日(西暦)　＿＿＿年＿＿月＿＿日　本籍(国籍)＿＿＿＿＿　都・道／府・県

2．現住所　〒＿＿＿＿＿＿＿＿＿＿＿＿＿＿＿＿＿＿＿＿＿

　　　　　　＿＿＿＿＿＿＿＿＿＿＿＿＿＿＿＿＿＿＿＿＿＿＿

　　　　　　〔Tel：　　－　　－　　　／Fax：　　－　　－　　　〕

3．所属機関＿＿＿＿＿＿＿＿＿＿＿＿＿＿＿　職名＿＿＿＿＿＿＿

　　所在地　〒＿＿－＿＿＿＿＿＿＿＿＿＿＿＿＿＿＿＿＿＿＿

　　　　　　＿＿＿＿＿＿＿＿＿＿＿＿＿＿＿＿＿＿＿＿＿＿＿

　　　　　　〔Tel：　　－　　－　　　／Fax：　　－　　－　　　〕

4．該当する受験資格の基準（イ～トの記号を○印で囲んでください）

　　　　　　イ）新1種指定校修了者　　　　　　ホ）専門職大学院修了者
　　　　　　ロ）旧1種指定校修了者　　　　　　ヘ）諸外国の大学院修士課程修了者
　　　　　　ハ）新2種指定校修了者　　　　　　ト）医師免許取得者
　　　　　　ニ）旧2種指定校修了者

　　　　　　　　　　　　　　　*上記ロ,ハ,ニ,ヘ,ト,の場合は、以下の心理臨床心理経験年数を記入
　　　　　　　　　　　　　　　　　* イ,ホの場合は記入不要

　　　　　　　　　　（心理臨床経験年数：＿＿＿＿年＿＿＿＿月）

公益財団法人日本臨床心理士資格認定協会　御中

（様式－2）

受験番号： ＿＿＿＿＿＿＿＿＿

履　歴　書

写真貼付
3×2.4 ㎝
運転免許証サイズ

正面上半身無帽
裏面に氏名記入
過去 6 ヵ月以内

氏名 ＿＿＿＿＿＿＿＿＿＿＿＿＿＿＿　（ 男 ・ 女 ）

ローマ字 ＿＿＿＿＿＿＿＿＿＿＿＿＿＿＿

生年月日(西暦)＿＿＿＿　年　　　月　　　日生　　歳

（旧氏名）＿＿＿＿＿＿＿＿＿＿＿＿＿＿＿
＊提出書類のうち「旧姓で発行されたもの」がある場合のみ、旧姓を記入のこと

現住所 〒＿＿＿＿＿＿＿＿＿＿＿＿＿＿＿＿＿
　　　　〔Tel：　　－　　　　－　　　　〕

所属機関名 ＿＿＿＿＿＿＿＿＿＿＿＿＿　職名 ＿＿＿＿＿＿＿
　　　　〔Tel：　　－　　　　－　　　　〕

高校卒業以降の学歴、職歴、賞罰　　（学歴、職歴、賞罰に分けて、それぞれ年次順に記入のこと）

(西暦)年	月	

（以下裏面）

(履歴書つづき)

(西暦) 年	月	

<所属学会名（会員種別）＞

_____

_____

_____

<医師免許証取得年月日＞

(西暦) _____ 年 _____ 月 _____ 日

（登録番号 _____ ）

（様式－指定A）　　　　　　　　　　受験番号：＿＿＿＿＿＿＿＿＿＿＿

臨床心理士受験申請資格証明書

氏名 ＿＿＿＿＿＿＿＿＿＿＿＿＿＿＿＿
〔生年月日(西暦)　　　年　　　月　　　日〕

Ⅰ. 指定大学院専攻コース名 【　新1種　・　旧1種　・　新2種　・　旧2種　】

＿＿＿＿＿＿＿＿＿＿＿ 大学院 ＿＿＿＿＿＿＿＿＿＿ 研究科

＿＿＿＿＿＿＿＿＿＿＿ 専攻 ＿＿＿＿＿＿＿＿＿＿ コース・領域 *
　　　　　　　　　　　　　　　　　　　　　　　　　　　　分野　・　系

Ⅱ. 在籍期間

　　　（西暦）　　　年　　　月　　　日入学

　　　（西暦）　　　年　　　月　　　日修了

Ⅲ. 修士論文

題目		
主査名 **	副査名 **	（臨床心理士登録番号：　　　）
		（臨床心理士登録番号：　　　）
（臨床心理士登録番号：　　　）		（臨床心理士登録番号：　　　）

　上記のとおり、本研究科の臨床心理士受験資格取得に関する**所定単位（必修5科目および選択必修科目群A～E）の認定、および上記の修士論文の審査に合格**し、当該指定大学院を修了したことを証明します。

　　　　　　　　　　　　　　　　　　　　　　　　年　　　月　　　日

記載者 *** （役職）＿＿＿＿＿＿＿＿＿（氏名）＿＿＿＿＿＿＿＿　印

証明者 *** （役職）＿＿＿＿＿＿＿＿＿（氏名）＿＿＿＿＿＿＿＿　公印

＊　　当該修了院生の指定専攻コース名称に誤りのないよう記載してください。
＊＊　修士論文の主査および副査(2～3名)のうち1名以上が臨床心理士有資格者でなければなりません。
＊＊＊記載責任者は研究科長、専攻主任等、証明者は学長、理事長等、当該組織管理者により証明してください。

（様式−3）

受験番号：＿＿＿＿＿＿＿＿＿＿＿

職 歴 ・ 職 務 内 容 証 明 書

氏名＿＿＿＿＿＿＿＿＿＿＿＿＿＿＿＿

〔生年月日(西暦)　　　　　年　　　　月　　　　日〕

I．職歴

上記の者は当機関(施設)において ＿＿＿＿＿＿＿＿＿＿＿＿＿＿＊として

（西暦）＿＿＿＿年＿＿月より　　　計＿＿＿＿年＿＿＿＿月間＊＊

（西暦）＿＿＿＿年＿＿月まで　　　勤務　している　・　した　。

（該当○印）

但し、勤務(従業)形態は、

【 常勤 ・ 非常勤 】 週＿＿＿日で、1日＿＿＿時間である。

II．職務内容 (該当する事項に○印を記入し、具体的内容を必ず記載すること)

1）臨床心理査定

＿＿＿＿＿＿＿＿＿＿＿＿＿＿＿＿＿＿＿＿＿＿＿＿＿＿＿＿＿＿

2）臨床心理面接

＿＿＿＿＿＿＿＿＿＿＿＿＿＿＿＿＿＿＿＿＿＿＿＿＿＿＿＿＿＿

3）臨床心理的地域援助

＿＿＿＿＿＿＿＿＿＿＿＿＿＿＿＿＿＿＿＿＿＿＿＿＿＿＿＿＿＿

4）臨床心理的研究・調査

＿＿＿＿＿＿＿＿＿＿＿＿＿＿＿＿＿＿＿＿＿＿＿＿＿＿＿＿＿＿

上記のとおり、職歴及び職務に関する内容を証明します。

年　　　　月　　　　日

機関(施設)名 ＿＿＿＿＿＿＿＿＿＿＿＿＿＿＿＿＿＿＿＿

所在地 ＿＿＿＿＿＿＿＿＿＿＿＿＿＿＿＿＿＿＿＿＿＿＿

所属長職名 ＿＿＿＿＿＿＿＿＿＿＿＿＿＿＿＿＿＿＿＿＿

同　氏名 ＿＿＿＿＿＿＿＿＿＿＿＿＿＿＿＿＿＿＿＿＿＿

公印

＊　　貴機関の該当公認職名を記載してください。
＊＊　勤務年数の総計は、但し書きに準じて換算した年数(1日4時間以上週3日以上勤務は常勤として、1日の勤務時間にかかわらず週2日以下勤務は常勤の5割計算)を記載してください。なお、現在継続して勤務している場合、申請日までを基準にして記載してください。

（様式－指定Ｂ）　　　　　　　　　　受験番号：＿＿＿＿＿＿＿＿＿＿

指定大学院修了者の在籍・実務実態証明書

氏名 ＿＿＿＿＿＿＿＿＿＿＿＿＿＿＿＿＿＿＿

〔生年月日（西暦）　　　　年　　　　月　　　　日〕

＊

Ｉ．上記の者は、当附属機関の心理臨床業務に下記の期間＿＿＿＿＿＿＿＿＿＿
として勤務（在籍）【　している　・　した　】＊ことを証明します。

附 属 機 関 名　＿＿＿＿＿＿＿＿＿＿＿＿＿＿＿＿＿＿＿＿＿＿

勤務（在籍）期間　（西暦）　　　年　　　月より

計＿＿＿＿年＿＿＿＿月間＊＊

（西暦）　　　年　　　月まで

勤務（在籍）形態　週　　　日で、1日　　　時間　／　有給　・　無給

（該当するものを〇印）

Ⅱ．上記の者は、当指定大学院の学外関連実習機関で、当指定大学院修了後の下記の
期間、心理臨床業務に勤務【　している　・　した　】ことを、当該学外機関の長
の発行する勤務証明書の確認のうえ、その事実を証明します。

学外実習機関名　＿＿＿＿＿＿＿＿＿＿＿＿＿＿＿＿＿＿＿＿＿＿

勤務（在籍）期間　（西暦）　　　年　　　月より

計＿＿＿＿年＿＿＿＿月間＊＊

（西暦）　　　年　　　月まで

勤務（在籍）形態　週　　　日で、1日　　　時間　／　有給　・　無給

（該当するものを〇印）

年　　　月　　　日

＿＿＿＿＿＿＿＿＿＿＿大学院　＿＿＿＿＿＿＿＿＿＿＿研究科

＿＿＿＿＿＿＿＿＿＿＿専攻　＿＿＿＿＿＿＿＿＿　コース・領域
　　　　　　　　　　　　　　　　　　　　　　　　分野　・　系

専攻（コース・領域・分野・系）主任教授　＿＿＿＿＿＿＿＿＿＿＿印

＊　　研修員、研修生、補助員等、貴機関の公認名称を記載してください。また、在籍期間に対応して、
　　　「している」「した」のいずれかを削除して、証明してください。
＊＊　勤務年数の総計は、「1日4時間以上週3日以上勤務は常勤として、1日の勤務時間にかかわらず
　　　週2日以下勤務は常勤の5割計算」にもとづき記入してください。

（様式－医A）

受験番号：＿＿＿＿＿＿＿＿

心　理　臨　床　経　験　申　告　書

　「臨床心理士」の資格を取得するために、私の医師免許取得後の心理臨床実績を以下のとおり申告します。

年　　　月　　　日

氏名：＿＿＿＿＿＿＿＿＿＿＿＿印

〔医師免許取得年月日(西暦)：　　年　　月　　日〕

＜心理臨床実績＞

1.勤 務 期 間　(西暦)＿＿＿年＿＿＿月　～　(西暦)＿＿＿年＿＿＿月

　勤 務 形 態　週＿＿＿日で、1日＿＿＿時間（在職＿＿＿年＿＿＿ヵ月）＊

　当該期間の心理臨床経験の内容（勤務機関名＿＿＿＿＿＿＿＿＿＿＿）

＿＿＿＿＿＿＿＿＿＿＿＿＿＿＿＿＿＿＿＿＿＿＿＿＿＿＿＿＿＿＿＿＿

＿＿＿＿＿＿＿＿＿＿＿＿＿＿＿＿＿＿＿＿＿＿＿＿＿＿＿＿＿＿＿＿＿

＿＿＿＿＿＿＿＿＿（勤務機関代表氏名＿＿＿＿＿＿公印　）＊＊

2.勤 務 期 間　(西暦)＿＿＿年＿＿＿月　～　(西暦)＿＿＿年＿＿＿月

　勤 務 形 態　週＿＿＿日で、1日＿＿＿時間（在職＿＿＿年＿＿＿ヵ月）＊

　当該期間の心理臨床経験の内容（勤務機関名＿＿＿＿＿＿＿＿＿＿＿）

＿＿＿＿＿＿＿＿＿＿＿＿＿＿＿＿＿＿＿＿＿＿＿＿＿＿＿＿＿＿＿＿＿

＿＿＿＿＿＿＿＿＿＿＿＿＿＿＿＿＿＿＿＿＿＿＿＿＿＿＿＿＿＿＿＿＿

＿＿＿＿＿＿＿＿＿（勤務機関代表氏名＿＿＿＿＿＿公印　）＊＊

＊　勤務年数の総計は、「1日4時間以上週3日以上勤務は常勤として、1日の勤務時間にかかわらず週2日以下勤務は常勤の5割計算」にもとづき記入してください。

＊＊　対象勤務（関係）機関代表者の公印を得てください。自己開業等の場合は自身で証明してください。
　　なお、3ヵ所以上の場合は、適宜、同形式の用紙を任意に作成して添付してください。

（様式－4）

受験番号：＿＿＿＿＿＿＿＿＿＿

在 職 証 明 書

氏名 ＿＿＿＿＿＿＿＿＿＿＿＿＿＿＿＿＿＿
〔生年月日（西暦）　　　年　　　月　　　日〕

　上記の者は、本証明書発行日現在、当機関（施設）の

職名 ＿＿＿＿＿＿＿＿＿＿＿＿＿＿＿＿　【 常勤 ・ 非常勤 】

として在籍していることを証明します。

　　　　　　　　　　　　　　　　　　年　　　月　　　日

　　機関（施設）名 ＿＿＿＿＿＿＿＿＿＿＿＿＿＿＿

　　所在地 ＿＿＿＿＿＿＿＿＿＿＿＿＿＿＿＿＿＿＿

　　所属長職名 ＿＿＿＿＿＿＿＿＿＿＿＿＿＿＿＿＿

　　同　氏名 ＿＿＿＿＿＿＿＿＿＿＿＿＿＿＿＿公印

お知らせとお願い

◆ 資格取得のための申請書類一式を希望の方は，協会HP（http://fjcbcp.or.jp/）にて詳細を確認し，申請書類請求の手続きを行ってください。もしくは本書に添付の郵便振替用紙(00130-1-362959)で，1部につき1,500円を送金してください。

◆ 資格取得のための申請書類一式（当該年度版実施要項も含む）は，実施年度ごとに変更をみていますので，必ず当該年度の申請書類で手続をしてください。

◆ 本書の内容，および資格取得に関するお問合せは，土，日，祝日を除き下記の協会事務局宛にお願いします。

〒113-0034　東京都文京区湯島1—10—5　湯島D＆Aビル3階

公益財団法人 日本臨床心理士資格認定協会　事務局

電話 03—3817—0020　　http://fjcbcp.or.jp/

新・臨床心理士になるために［令和6年版］

1988年 6 月30日	初　版第 1 刷発行
2006年 8 月10日	第18版第 1 刷発行
2007年 9 月10日	平成19年版第 1 刷発行
2008年 8 月20日	平成20年版第 1 刷発行
2009年 8 月10日	平成21年版第 1 刷発行
2010年 8 月10日	平成22年版第 1 刷発行
2011年 7 月15日	平成23年版第 1 刷発行
2012年 7 月25日	平成24年版第 1 刷発行
2013年 7 月30日	平成25年版第 1 刷発行
2014年 7 月30日	平成26年版第 1 刷発行
2015年 8 月 5 日	平成27年版第 1 刷発行
2016年 8 月 1 日	平成28年版第 1 刷発行
2017年 7 月25日	平成29年版第 1 刷発行
2018年 7 月20日	平成30年版第 1 刷発行
2019年 7 月30日	令和元年版第 1 刷発行
2020年 7 月 5 日	令和 2 年版第 1 刷発行
2021年 6 月25日	令和 3 年版第 1 刷発行
2022年 6 月30日	令和 4 年版第 1 刷発行
2023年 7 月15日	令和 5 年版第 1 刷発行
2024年 7 月10日	令和 6 年版第 1 刷発行

監　修　公益財団法人　日本臨床心理士資格認定協会

発行者　柴　田　敏　樹
印刷者　西　澤　道　祐

発行所　株式会社　誠　信　書　房
〒112-0012　東京都文京区大塚 3-20-6
電話 03（3946）5666㈹
https://www.seishinshobo.co.jp/

装幀 山本太郎（ツヅリ・ワークス）

印刷／あづま堂印刷　製本／創栄図書印刷　　落丁・乱丁本はお取り替えいたします
検印省略　　　　　　　無断で本書の一部または全部の複写・複製を禁じます
© Foundation of Japanese Certification Board for Clinical Psychologists, 2024
Printed in Japan　　　　　　　　　　ISBN978-4-414-41706-7 C3011

臨床心理士資格試験問題集 6
令和 2 年～令和 4 年

令和 2 年度から令和 4 年までの試験問題より約 4 割を正答と解説とともに公開する。

(公財)日本臨床心理士
資格認定協会 監修

A5 判並製
1900 円

臨床心理士資格試験問題集 5
平成 29 年～令和元年

平成 29 年度から令和元年までの試験問題より約 4 割を正答と解説とともに公開する。

(公財)日本臨床心理士
資格認定協会 監修

A5 判並製
1700 円

臨床心理士資格試験問題集 4
平成 26 年～平成 28 年

A5 判並製 1700 円

臨床心理士資格試験問題集 3
平成 23 年～平成 25 年

A5 判並製 1500 円

臨床心理士資格試験問題集 2
平成 19 年～平成 22 年

A5 判並製 1800 円

臨床心理士資格試験問題集 1
平成 3 年～平成 18 年

A5 判並製 2000 円

※価格は税別